TRAITTE' SOMMAIRE,

DE L'INSTITVTION DV CORPS ET Communauté des Marchands Orfévres, sous le Regne du Roy Philippes de Valois.

Des Avantages & de l'Excellence de l'Art de l'Orfévrie, où il est monstré que de tout temps cét Art a esté en vne plus haute Estime que tous les autres Arts Liberaux, & les Orfévres plus considerez, & pourquoy, &

Des Privileges & Prerogatives dont les Marchands Orfévres Ioailliers ont tousiours jouy, & qui leur ont esté accordez & confirmez par les Roys.

Des Loix ausquelles ils sont assujettis en leur Reception à la Maistrise & dans leur Negoce & Travail.

De la Charge & Fonction de Maistre & Garde.

Du Temps auquel on a commencé d'establir & eslire des Maistres & Gardes, & les Noms & Surnoms de Ceux qui ont esté appellez à l'Exercice & Fonction de cette Charge.

De ce qui est entendu par le poids de vingt-quatre Carats de Fin sur Once d'Or, & de douze Deniers de Fin pour Marc d'Argent.

Ensuite duquel Traitté est adjousté vn Recueil des Ordonnances & Reglemens Concernans le fait de l'Orfévrie, & des Privileges et Statuts des Marchands Orfévres, avec les Extraits de plusieurs Notables Arrests, Iugemens & Sentences servans de Preuves & Iustification desdits Reglemens et Privileges.

DEDIE' A MONSEIGNEVR DE LA REYNIE.

PAR P. D. R.

A PARIS,

M. DC. LXXII.

AVEC PERMISSION.

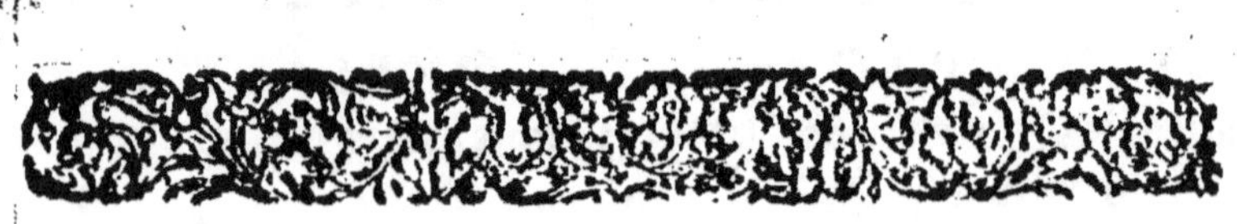

A

MONSEIGNEVR DE LA REYNIE, Conseiller du Roy en ses Conseils d'Estat & Privé, Maistre des Requestes Ordinaire de son Hostel, & Lieutenant General de Police de la Ville, Prevosté, & Vicomté de Paris.

MONSEIGNEVR,

IE ne pretends ny vous faire vn Present en Vous offrant ce petit Traité, ny m'eriger en Autheur, en le donnant au Public. Ma Profession n'est pas fort compatible avec le Talent de composer & d'escrire, & d'ailleurs, l'on ne doit Vous presenter que des Ouvrages acheuez, & autant au dessus du Commun, que Vostre Merite & Vostre Dicernement sont au dessus de Ceux des autres Hommes ; ce Glorieux Avantage de meriter Vostre Approbation n'estant dû qu'aux Derniers Efforts de l'Art & de l'Erudition la plus profonde. Ie pretends encore moins que dans ce que ie prends la Liberté de vous presenter, Vous trouviez Rien d'Inconnu ou de Nouveau pour Vous, parce que ie sçay MONSEIGNEVR, *que Vous connoissez également toutes Choses. Personne n'ignore que cette Vaste Estenduë de Connoissance n'a pas moins contribué à Vous eslever à tant de Glorieux Employs, que Cette Inesbranlable Fermeté qu'on remarque, & que tout le Monde admire en Vostre Personne dans la Distribution de la Iustice, & dans la Direction Politique de la Premiere Ville du Monde, où le plus Iudicieux des Roys, par vn Choix prevenu par les Vœux Publics, Vous a fait le Premier Ordonnateur de toutes Choses, parce qu'en Vous il a trouvé la Sagesse & la Prudence dans le premier & souverain Degré. Ie n'en diray pas Davantage, n'ayant pas entrepris de faire icy vostre Eloge : Ie serois temeraire d'en former seulement le Dessein, veu mon Insuffisance &*

ma Foiblesse, & d'ailleurs, ce seroit vne Entreprise inutile, puis que ie ne pourois rien dire qu'vn chacun ne connoisse & ne sçache parfaitement. I'adjousteray seulement, MONSEIGNEVR, *que ie n'ay composé ce petit Recueil, que pour faire connoistre â Ceux qui n'en sont pas instruits, les Priuileges & les Avantages des Marchands Orfévres, la Gloire & l'Honneur de leur Art, & la Grande & Inviolable Exactitude de leur Conduite: & le Motif qui m'a porté à Vous l'offrir, n'a esté que celuy de vous témoigner les Sentimens de Reconnoissance Publics & Particuliers de tous les Orfévres de Paris, qui ne doivent qu'à Vostre Iustice l'Execution des Ordonnances renduës en leur Faveur, ou plustost pour la Seureté publique depuis plus de deux Siecles, & la Conservation de ces mesmes Privileges contre leurs Ennemis. Et, en cela, l'Importance de vostre Protection est telle, & l'Vtilité pour le Public en est si remarquable, que l'on peut dire que chaque iour en fournit de nouveaux Témoignages & de nouvelles Preuves. Ces Sentimens me sont Cômuns avec tous Ceux qui, comme moy, exercent cette mesme Profession, dont le Travail & l'Application surpassent assez ordinairement la Matiere. Mais i'en ay d'autres singuliers, à mon égard, & dont ie pretends faire vn Adveu public: Ils sont fondez sur les tres particulieres Obligations que ie vous ay, de ce qu'en autant d'occasions qu'il s'en est presenté de Nous conserver dans nos Privileges, vous m'avez permis de Vous rendre Compte de ce dont Vous avez crû que ie pouvois avoir quelque connoissance, & auez souffert mes Importunitez auec des Bontez qui m'engagent indispensablement à demeurer toute ma vie,*

MONSEIGNEVR,

Vostre tres-Humble & tres-
Obeïssant Seruiteur,
P. DE ROSNEL.

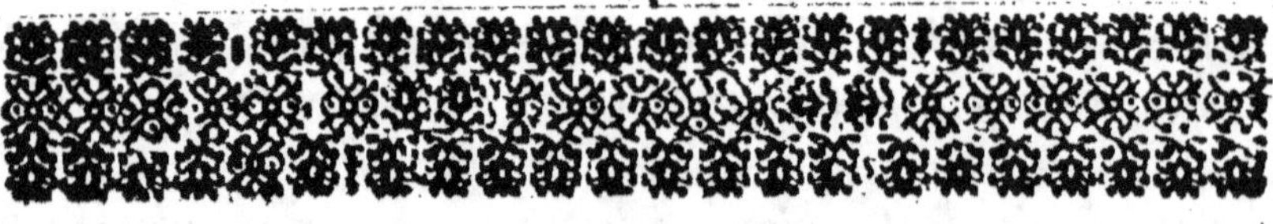

DE L'INSTITVTION DV CORPS ET Communauté des Marchands Orfévres sous le regne du Roy Philippes de Vallois.

Des avantages & de l'excellence de l'Art de l'Orfévrie où il est monstré que de tout temps cét Art a esté en vne plus haute estime que tous les autres Arts liberaux, & les Orfévres plus considerez, & pourquoy.

Des priuileges & prerogatiues dont les Marchands Orfévres Ioailliers ont tousiours ioüy, & qui leur ont esté accordées & confirmées par les Roys Predecesseurs du Roy à present regnant.

De ce que l'on a coustume d'obseruer auant la reception des Marchands Orféures à la Maistrise.

Des loix ausquelles ils sont assuiettis dans leur negoce & dans leur trauail.

Du deuoir des Marchands Orféures estans dans la charge de Maistres & Gardes, & des fonctions de cette Charge.

De ce qui est entendu par le poids de vingt-quatre carats de fin sur once d'or, & de douze deniers de fin sur le marc d'argent.

Du temps auquel l'on a commancé d'establir & eslire des Maistres & Gardes à quoy sont adioustées les noms & surnoms de ceux qui ont esté appellez à l'exercice & fonction de cette Charge de Maistre & Garde de la Communauté, le tout pour le seruice & vtilité des Curieux, nommément de ceux qui ont esté & seront receus à l'auenir à ladite Maistrise.

DE LINSTITVTION DES ORFEVRES.

Chap. PREMIER.

CEUX qui les premiers se sont appliquez à mettre en œuure les Pierres precieuses en or & en argent, qui ont fabriqué les Ouurages les plus nobles & les plus exquis, & mesmes les Diadesmes & Couronnes des Roys & Empereurs, ont esté nommés Orfévres.

Du temps de l'Empereur Constantin, pour ne pas remonter plus hault, ils furent en tres grande recommandation, & dans la suitte des temps l'Art de l'Orfévrie a esté consideré comme le premier entre tous les autres.

Le temps qui ruine & consume toutes choses n'ayant rien diminué de cette recommandation & de la noblesse de l'Art des Orfévres, au contraire ayant tousiours augmenté leur industrie & fait connoistre leur merite, Il arriua que soubs le regne de Clotaire, second & de Dagobert son fils, les Marchands Orfévres furent en vne tres singuliere estime, & que dans ce mesme temps sous le Pontificat du Pape Martin on vit paroistre le grand Saint Eloy, qui mesme dans les premieres années de son aage fit de tres manifiques ouurages d'Orfévrie pour le seruice de ses Roys, & encore plusieurs Chasses, notamment celle ou repose les Reliques de Saint Martin que l'on voit encore aujourd huy en l'Eglise de Saint Denis en France.

L'Empereur Charlesmagne porté du mesme zele d'honnorer les Reliques des Saints, fit faire plusieurs Chasses & Reliquaires par les Orfévres, & pour marque plus esclatante de sa grandeur, il leur fit faire encore plusieurs Couronnes qu'il distribua aux Princes de son temps.

Philippes Auguste apres ses victoires, voulant signaller sa reconnoissance envers Dieu, autheur de ses conquestes, dans l'Eglise principale de la premiere Ville de son Royaume, qu'il auoit luy mesme fondée, fit venir deuant luy ce qu'il y auoit d'habilles gens en l'Art d'Orfévrie, & fit faire à chacun d'eux de tres riches ouvrages d'or & d'argent pour l'ornement de cette Eglise.

Le Roy Saint Louis qui auoit les Orfévres en singuliere estime, en choisit plusieurs pour les mener auec luy en ses voyages d'Outremer, afin d'estre esclaircy par eux du prix & du merite de ce qu'il trouueroit de plus rare & de plus remarquable en tous les lieux où il deuoit passer : Comme aussi pour faire choix de ce qu'il pouroit raporter en France de plus considerable, & incontinant apres son retour il leur fit faire la Chasse de Sainte Geneuiefue que l'on voit aujourd'huy, & en laquelle les Reliques de cette grande Sainte furent deposées le 10. Jour de Nouembre de l'année 1242.

Charles d'Anjou Fils de France & Roy de Sicile fit faire en l'an 1255. par les Orfévres vne Chasse d'or pour mettre les Reliques de Sainte Agathe, & il se remarque dans l'Histoire que cét Ouurage fut en telle estime parmy les sçauans & les plus habiles de ce siecle, qu'ils auoüerent qu'ils ne s'estoit rien veu de pareil.

Le Roy Philippes le Bel en l'an 1300. fit faire aux Orfévres ce qu'il y à de plus remarquable & de plus beau dans la Sainte Chapelle de Paris, & leur fit faire encore vne grande quantité de riches & magnifiques Ouurages pour rendre plus auguste le Couronnement du Pape Clement V. & particulierement il leur ordonna de faire les Couronnes tant Pontificalles, que Royalles dout il leur laissa la garde, & du depuis à son exemple, Louis Charles & Philippes ses enfans & successeurs leur firent faire plusieurs autres ouurages pour l'ornement des Eglises & de leur Palais.

Le Roy Philipes de Vallois fit faire aux Orféures, entr'autres Ouurages, le Chef de Saint Philipes, & les honora des plus beaux employs, ainsi qu'il sera obserué cy-apres au Chapitre de leur Institution en Corps & Communauté.

Le Roy Jean premier du nom, qui auoit vne parfaite cognoissance de la pieté des Orféures, leur permit de faire construire vne Chapelle sous le nom & inuocation de Saint Eloy, & leur fit donner des Reliques de ce Saint par le Pape Innocent VI. tenant lors le Saint Siege en Auig[non], il confirma leurs anciens Priuileges, & fit de nouuelles Ordonnances concernantes leur Art, Jl limita leur nombre à cent pour obuier aux abus qu'il estima que la multiplicité pouroit causer, Jl statua le temps de huit années aux Apprentifs, auant que de pouvoir estre admis à la Maistrise, Il regla les Tiltres ausquels ils deuoient trauailler en or & en argent, & enfin il leur presriuit la maniere en laquelle les Gardes de leur Corps se deuoient conporter lors qu'aucuns desdits Marchands Orféures seroient par eux trouuez en faute & en contravention.

Le Roy Charles VI. par Lettres Patentes de l'année 1407. les qualifia Orféures & Changeurs, duquel double titre ils iouïrent iusqu'au regne du Roy Charles VIII. Jl leur assigna le lieu de leur commerce & trafic prés de son Palais, en l'endroit appellé depuis le Pont de Bois, afin de les auoir plus prés de sa personne, & leur donner plus de facilité, de commodité & de protection dans le travail de leurs Ouurages, & le debit de leurs Marchandises.

Le Roy Charles VII. voulant faire entrée dans Paris incontinant apres la reduction des Anglois, fit faire par les Orféures vn grand nauire d'or, où il voulut estre representé, rassurant vne femme qui representoit la Ville de Paris encore effrayée du ioug estranger, pendant l'absence de son seul & legitime Seigneur, & il se remarque qu'en passant sur le Pont appellé le Pont aux Changeurs, (que les Orféures auoient couuerts d'vn Ciel remply d'Estoilles d'or, Il y parut vn Enfant vestu en Ange, qui descendit de ce Ciel, & qui mit sur la teste du Roy vne Courône d'or, que cét action plût tant au Roy, qu'il asseura solemnellement les Orfévres de sa protection, en toutes les occasions où ils en auroient besoin.

L'on pouroit adjouster bien d'autres choses à l'avantage & à la gloire du Corps des Marchands Orfévres, & dire que tous les Roys ont pris vn singulier plaisir à leur donner des marques de leur estime & de leur faueur au point mesme que Henry IV, à l'exemple de ses Predecesseurs desirast que tous ceux qui excelloient sur les autres fussent logées aux Galleries de son Louure, ce qui depuis leur a esté tousjours octroyé : Mais comme nos Histoires qui parlent des Magnifficenses & liberalitez de nos Roys marquent assez toutes ces choses, il seroit inutile de raporter tout ce qu'il fut fait en leur faueur depuis le regne de ces Roys, iusqu'à celuy du Roy Louis XIV. à present regnant le plus auguste & le plus magnifique de tous les Roys de la terre. Seulement adiousteray-je que le Roy Charles IX. ayant estably la Jurisdiction des Iuges Consuls, voulut choisir vn d'entre les Marchands Orféures pour presider à l'ouuerture de cette Iurisdiction, & que ce mesme particulier fut encore honoré par luy de la Charge de Preuost des Marchands de cette Ville de Paris.

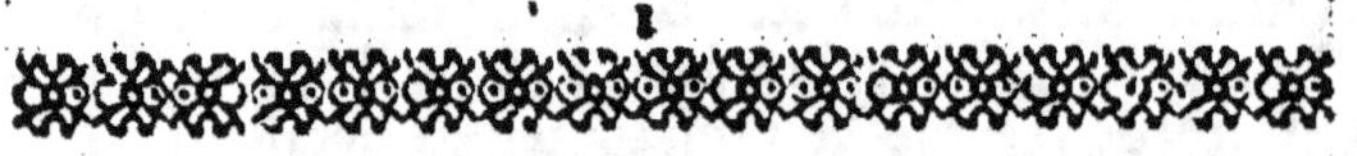

EXTRAICT SOMMAIRE des Priuileges accordez aux Marchands Orfévres Joüailliers de la Ville de Paris, & dont ils ont iouy de tout temps.

IL EST FACIL DE FAIRE VOIR QVE les Priuileges dont les Marchands Orfévres Ioüailliers ont iouy & iouïssent encor aujourd'huy ne peuuent estre contestez, puis qu'ils ont esté establis dés le regne de Philippes de Vallois, par grand nombre d'Ordonnances, de Lettres Patentes des Roys ses successeurs, & toutes verifiées en Parlement.

VOYEZ. La troisiéme partie des Conferances des Ordonnances. Liure xj. titre 9.

Par l'Ordõnance du Roy Henry III. donnée au mois d'Octobre en l'année 1607. Par celle du Roy Henry IV. donnée au Camp de Beauual le 15. Octobre 1597. Par celle du Roy Louis XIII. de glorieuse & triomphante Memoire donnée à Paris au mois de Juillet 1612. Et par plusieurs autres Ordonnances du Roy Louis XIV. nostre inuincible Monarque, qui mesme en son Conseil Priué a fait plusieurs Reglemens solemnels à ce sujet & sur le Faict de leur Art; Les Orfévres ont esté conseruez dans leursd. Priuileges en ce que toutes ces Ordõnances & Reglemens sont d'autant moins contestables dans leur Execution qu'ils regardent plustost le Bien public, que l'Interest particulier des Orfévres, ce qui doit, par consequent, fermer la Bouche à tous ceux qui iusqu'à present ont essayé d'y donner Atteinte, & d'en combattre les Dispositions, pour empescher, s'ils le pouuoient, que les Orfévres ne soient maintenus en leursdits Priuileges.

Code Henry 3. tiltre 35. à 41.

Le Roy Jean, par son Ordonnance faite en sa Maison Royalle de Saint Oüen, au mois d'Aoust de l'année 1355. Henry second par son Ordonnance donnée à Fontainebleau en Ianvier 1549 Art. 16. & par autre dõnée au mesme lieu en Mars 1554. Art. 2. Charles IX. par l'art. X. de son Ordõnance donnée à Paris en 1571. & le Roy Henry 4.

Aucun ne pourra estre receu audit Mestier sinon qu'il aye seruy vn Maistre l'espace de huit ans pour le moins, duquel temps il ne pourra se rachepter. Henry II.

Ceux qui se presenteront pour estre passez & receus Maistres dudit estat en nostre Ville de Paris, seront bien & deuëment examinez par les six Gardes du Mestier, lesquels apres auoir veu leur Breuets d'Apprentissages, & qu'ils sçauront lire & escrire, leur feront faire chef d'œuure, & ce fait seront presentez en nostre Cour des Monnoyes, en laquelle apres auoir esté examinez seront receus à la Maistrise si faire se doit, & le poinçon duquel lesd. nouuellement receus à ladite Maistrise entendent vser, marqué auec les autres poinçons qui sont en ladite Cour, [illegible] qu'ils [illegible] les forges & les fourneaux [illegible] qui seront faits à l'ordinaire.

par l'Ordonnance de Fontainebleau du mois de May 1599. Ont ordóné en termes expres, Que les Orfévres ayans acheué le Cours de leur Apprentissage, souffert l'Examen sur les alleages, & fait leurs chef-d'œuures, pourroient estre admis à la Maistrise, sans lesquelles conditions ils en seroient descheus.

Ordonnance d'Henry II. à Fontainebleau en Mars 1555. Art. 1. & 3.

Les mesmes Roys, sçauoir, Henry II. par son Ordonnance donnée en Mars 1554. art. 10. Charles IX. par son Ordonnance donnée à Nantes en Octobre 1565. & par l'Ordonnance de Blois donnée en Septembre 1571. ont encore precisement ordonné, que les Orfévres seuls pourroient auoir forges & fourneaux au dedans de leurs Bouticques, en lieux publicqs & passans.

Les Orfévres tiendront Boutiques en lieux publics & apparans sur le deuant des rües à la veüe de tout le monde, ils auront leurs fourneaux & non és arrieres Boutiques, chambres secrettes & autres lieux.

Le Roy François premier art. 1. & 6. de l'Ordonnance faite par luy à Sainte Menehoud au mois de Septembre 1543. & le Roy Henry 2. en son Ordonnance de Fontainebleau du mois de May 1555. interpretatiue de l'Ordonnance du mois de Mars 1554. & depuis verifiée en Parlement en l'an 1556. & en la Cour des Monnoyes en 1572. Ont ordonné que nuls Marchands Merciers Joailliers ne pourroient vendre aucunes marchandises d'Or ou d'argent en quelque maniere que ce fust, qu'ils ne les eussent acheptées auparauant des Marchands Orfévres.

Ordonnons que nul Mercier Joaillier, ny autres non estant Orfévres, ne pourra vendre Orfévrerie, sinon qu'il l'ayt fait faire par les Maistres Orfévres, & qu'il cognoisse ce qu'il vend & achepte.

Ordonnance de François I. à Sainte Menehoud en Septembre 1543. Art. 3.

Le mesme Roy Henry 2, és articles 4. & 5. de l'Ordonnance donnée à Saint Germain au mois de Ianuier 1548. suiuie d'autre Ordonnance du mois de May 1555. donnée à Fontainebleau, Le Roy Henry 3. en son Ordõnance de Blois du 10. Octobre 1584. & le Roy Henry 4. par Lettres Patentes dõnées au Camp de Beauual le 15. Octobre 1607. verifiées par Arrests du Parlement de Paris & de la Cour des Monnoyes, Ont statué & ordonné qu'aucuns Orfévres ne pourront estre receus Maistres par Lettres, pour quelque cause que ce soit, mesme pour Aduenement à la Couronne, Naissances des Princes, leurs Enfans, ou pour autres telles considerations que ce puisse estre.

Nul ne pourra exercer ledit estat d'Orfévrerie, ny tenir Boutique d'Orfévre s'il n'est passé Maistre & n'a fait chef d'œuure en la maniere accoustumée, s'il n'est qu'il demeure dans nostre Palais à Paris ou autres lieux ayant franchise, lesquelles franchises ne se pourront estendre audit estat quelque usage & possession qu'en ayent les Seigneurs desdits lieux, sans prejudice de leurs priuileges en autres choses.

Les Roys Henry II. & Henry III. ont encore expressement deffendu à tous Princes, Seigneurs & Dames de donner retraicte en leurs Hostels à aucuns Compagnons Orfévres Estrangers, & autres, Avec pareilles deffences à tous Recteurs, Principaux de Colleges, ou Maisons Religieuses de les recevoir & ce sur des peines rigoureuses, & ont pareillement en limittant le nombre des Orfévres, Ordonne que les Fils de Maistres seront preferez aux autres.

Henry II à Fontaine-Bleau en May 1555. art. 4. & Henry III. en 15[illegible].

Reduisons & [illegible] le nombre des Orfévres de nostre Ville de Paris [illegible] Boutique à [illegible] cens, & ne sera aucun receu Maistre soit par le [illegible], Lettres ou autrement jusques à ce qu'ils soient reduits audit nombre [illegible] auquel vacation advenante seront preferez les Fils de Maistres pourveu qu'ils soient de la qualité requise par les Ordonnances.

Le Roy François premier par son Ordonnance donnée à Sainte Menehoust en Septembre 1543. & le Roy Henry second par son Ordonnance de 1554. art. 7. ont fait Deffences à toutes Personnes d'exercer l'Art d'Orfévrie sinon ès Villes où il y auroit Parlement, Presidiaux, Baillages, Seneschaussées, ou autres bonnes Villes du Royaume, & ont ordonné que les Orfévres demeureroient garends des Ouvrages par eux fabriquez, & qu'à cét effet nul ne pouroit estre receu Maistre qu'en donnant Caution, & par les mesmes Ordonnances de 1554. art. 6. & May 1555. Art. 4. Il est encore ordonné que, pour prevenir les malversations, les Commissaires du Chastelet & autres Officiers de Iustice, donneront confort & ayde aux Maistres & Gardes de l'Orfévrie faisans leurs visites, & deffences ont esté faites à toutes personnes, Lapidaires & autres de contre-porter, vendre, où faire vendre, achepter, tant publiquement, qu'en Foires, & maisons particulieres, des Marchandises d'Orfévrie, & Or ou Argent fondu, & de debiter ny employer des Pierres fines, avec des fausses, sur peine de Chastiment exemplaire, à l'effet dequoy, & pour obvier aux malversations & abus, tous Compagnons Estrangers. ont esté privez de la Maistrise, & le nombre desdits Orfévres estant limité, & les Fils des Maistres preferez, ainsi qu'il a esté cy-devant remarqué.

Les Orfévres marqueront de leurs poinçons tous les Ouvrages qu'ils feront, tant d'or, que d'argent, & qui [illegible] se pourront marquer.

Ordonnance de François I. en 1543. art. 5.

Ordonnance de Henry II. à Fontaine-Bleau en Mars 1554. art. 4.

Tous Orfévres avant qu'estre receus bailleront Caution, sçavoir ceux de nostre Ville de Paris de vingt marcs [illegible] nostre Cour des Monnoyes, & ceux des autres de dix marcs.

Ordonnance de Henry II. en Mars 1554.

Ordonnance d'Henry III. art. 5.

Charles IX. par son Ordonnance donnée à Paris le 17. Mars 1568. à cause des larcins, sacrileges & recelez qui se faisoient tant ès Eglises, qu'es Maisons, des Princes, Seigneurs, & autres ses sujets, & qui ne pouvoient recouvrer, estant acheptés par des gens retirés en des lieux secrets & cachez, A fait expresses inhibitions & dé-

Toutes personnes [illegible] de l'estat d'iceux [illegible] on a coustume de faire des recommandations des choses perduës ou volées, Affineurs d'or & d'argent, Batteurs d'or, Tireurs d'or, Passementiers, [illegible], Fripiers, Merciers, Contreporteurs, Revendeurs, Revenderesses, ny autres Marchands de tous estats, ne pourront achepter aucunes choses concernans l'Orfévrerie en quelque sorte & maniere que ce soit & à eux enjoint de les porter en la Boutique desdits Orfévres.

fences à toutes Personnes de quelque estat & condition qu'elles fussent, fors & excepté les Maistres Orphévres tenans Boutique ouuerte, d'achepter ny troquer contre leur Marchandise, Or & Argent, Bagues, Joyaux, Pierreries, Drap d'Or ou d'Argent fondu & à fondre, & toutes autres choses qui dependent de l'Orfévrie, sur peine de Confiscation de corps & de biens, & de la Marchandise qui sera trouuée auoir esté acheptée, Et enjoint à eux de tout renuoyer és maisons desdits Maistres Orfévres.

Les Gardes de l'Orfévrie de nostre Ville de Paris feront leurs visites tant chez les Maistres Orfévres, Jouailliers, Merciers, Lapidaires, à iours non preveus toutes les semaines, & d'icelles feront bons & loyaux procez verbaux qu'ils seront tenus presenter à la Cour des Monnoyes de mois en mois soit qu'ils ayent trouvé faute notable ou non.

Ordonnance d'Henry III. en 1586.

Enioignons aux Commissaires de nostre Chastelet & Sergens d'assister lesdits Gardes en ce requis en seront par eux ou par leur Clerc, soit en faisant leurs visitations & recherches ou autrement pour le faict de la Iustice, & de leur donner tout confort & ayde que besoin sera.

Mesme Ordonnance d'Henry III. art. 5.

Le Roy François premier, par son Ordonnance donnée à Fontaine-Bleau en Ianuier 1549. art. 17. par celle du mois de Mars 1554. Articles 6. & 13. & par celle du mois de May 1555. art. 5. A tres expressement enjoint aux Maistres & Gardes de l'Orfévrie de faire leurs visites en iours non preveus de iour & de nuit, tant chez les autres Marchands Orfévres, que chez les Merciers & autres vendans & trafiquans d'or où d'argent, & à permis aux Maistres & Gardes de prendre mainforte en cas de resistance; Ce qui a esté confirmé par les Roys Henry II. Henry III. Henry IV. Louis XIII. & par le Roy Louis XIV. à present regnant, par les Ordonnances qu'il a pleu à sa Maiesté de faire, & en consequence dequoy sont interuenus plusieurs Reglemens, tant du Parlement, que de Monsieur le Lieutenant general de Police.

CE QVI S'OBSERVE POUR LA Reception des Maistres Marchands Orphévres Ioüailliers, les loix ausquelles ils sont assujettis en leurs commerce & travail, la fonction des Maistres & Gardes, & ce qui est entendu par le poids de vingt-quatre carats de fin à l'once d'Or, & douze deniers de fin au marc d'Argent.

AVANT qu'estre receu Marchand Orfévre, c'est vne loy indispensable qu'il fault auoir fait vn Apprentissage aux termes de l'Ordonnance du Roy Philippes de Vallois, dont a esté parlé, en sorte que les Apprentifs sont obligez au seruice de leurs Maistres pour le temps de huit années, sans pouvoir estre distraits, ny vaquer par eux à d'autres exercices, & sans diminution, ny remise d'aucune des huit années dans le seruice actuel, & continuer soit chez vn seul Maistre, soit chez plusieurs, (en cas qu'il arriue que le Maistre où ils ont esté obligez vint à deceder) Ce long-temps de huit années requis ayant esté reglé pour acquerir plus d'experience à l'Apprentif, & le rendre plus capable de l'Art d'Orfévrie & de la Fabrique des ouvrages d'or & d'argent, & aussi pour luy acquerir vne connoissance entiere des tiltres de l'Or & de l'Argent & de leurs differents alleages.

Quant à la reception du susdit Apprentif, il est à remarquer que lors qu'vn particulier se presente pour estre admis à la Maistrise, il a plusieurs regles à garder, & dont il doit rendre raison aux Maistres & Gardes qui doiuent le receuoir, & particulierement vn Apprentif, par ce que les Loix & Ordonnances de nos Roys, ont toufiours exempté les enfans, dont les peres estoient ou auroient esté Maistres Orféyres du seruice de huit années d'Apprentissage, & ont voulu qu'ils fussent admis à la Maistrise, pourveu toutesfois qu'ils en fussent trouuez capables, & pourquoy ils sont aussi obligez de faire chef-d'œuure & d'observer, hors l'apprentissage toutes les autres solemnitez, ausquelles les Apprentifs sont sujets, & lesquelles sont cy-apres marquées.

Primò, L'Apprentif doit iustiffier à faire apparoir du Breuet de son Apprentissage, pour monstrer qu'il a rendu seruice à vn Maistre où à plusieurs successiuement (en cas de mort du premier) ainsi qu'il a esté dit cy-dessus, & ce durant tout le temps requis, sçauoir de huit années.

2°, Ledit Apprentif doit faire apparoir du seruice qu'il aura rendu chez vn ou plusieurs Maistres en qualité de Compagnon pendant deux années.

3°, Il doit estre certiffié de bonnes vies & mœurs par personnes dignes de foy, qui outre ce, le doivent cautionner iusques à la concurence de la valeur, au moins, de dix marcs d'argent, pour (en cas qu'il contreuienne aux Ordonnances, auoir recours contre la Caution.

4°, Il doit apparoir de sa suffisance & capacité au travail d'Orfévrie, & à cét effet, faire chef-d'œuure, c'est à dire vn ouurage d'or ou d'argent, en la forme, maniere & disposition qui luy seront prescriptes par les Maistres & Gardes lors en charge, & ce dans vn lieu particulier & destiné pour cela, au Bureau des Marchands Orfévres, afin de ne laisser aucun lieu de suspicion que le chef-d'œuure qu'il auroit fait, eust esté trauaillé par autre que par luy mesme.

5°, L'aspirant ayant remis son chefd'œuvre és mains des Gardes, & ayant esté reconnu capable d'estre admis à la Maistrise, est aussi instruit par lesdits Maistres & Gardes, des Ordonnances rendües sur le faict de l'Orfévrie, & par eux tres expressément aduerty de n'y point contrevenir, & des peines rigoureuses decernées contre les contrevenans, & pour ne luy pas laisser pretexte d'excuse, s'il estoit trouvé en faute, on luy donne vn Liure qui contient vn Recueil desdites Ordonnances.

6°, Apres cette admission à la Maistrise, le particulier agréé & receu aumosne sans contrainte telle somme qu'il est trouvé raisonnable par lesdits sieurs Gardes, & cette aumosne est employée tant pour l'entretien de l Eglise & Chapelle de Saint Eloy, fondée & de tout temps entretenuë par les Marchands Orfévres, que pour l'assistance des pauvres Orfévres qui sont reduits à viure des aumosnes du Bureau, & pour les affaires communes du Corps desdits Marchands Orfévres.

7°, Et enfin, le nouveau receu en la Maistrise, à certain iour qui luy est destiné par les Maistres & Gardes, est conduit en la Cour des Monnoyes, où il est presenté par lesd. Gardes, qui certifient la Cour de sa capacité, apres quoy il preste le serment de fidellement garder les Ordonnances, & fait insculper le Poinçon qui luy a esté donné, tant au Greffe de ladite Cour, qu'au Bureau des Marchands Orfévres, sur vne planche de cuiure, afin de cognoistre en cas de besoing, (c'est à dire en cas qu'il se trouue quelques ouvrages defectueux) de quelle main, & par quel Maistre ils aurôt esté fabriquez, & ce mesme Poinçon sert aussi pour marquer tous les ouvrages que le Maistre enuoye à la marque, Apres quoy, la reception est entierement consommée, & peut alors le nouveau Maistre prendre Boutique ouuerte en lieux passant.

A l'égard de ce que l'on obserue ordinairement en l'Eslection des Maistres & Gardes, & de ce qui est de leurs fonctions ordinaires en cette Charge, il y a trois choses assez curieuses à remarquer.

La premiere est, qu'aucun n'est admis en cette Charge de Garde qu'il n'ayt auparauant vescu dans sa profession vn temps considerable, depuis sa reception en la Maistrise, sans aucun reproche dans sa conduite, & que son experiance & sa capacité n'aye esté bien recogneüe.

La seconde est, que pour estre esleu en la Charge de Garde, (dont l Eslection se fait ordinairement le 5. iour du mois de Iuin, ou autre iour choisy par Monsieur le Lieutenant de Police) on convoque vne Assemblée des Maistres & Gardes en charge, & des six derniers sortis, & dans cette Assemblée on procede à l'Eslection, sçauoir, de deux anciens qui ont desja passé vne fois par cette mesme Charge de Gardes, & de trois autres qui ne l'ont point encore exercé, & de ces deux anciens, le premier est esleu pour deux ans, le second & les trois nouveaux pour vne année seulement.

Et la troisiéme est, quand aux fonctions de Maistres & Gardes, il y en a deux principalles, La premiere est, la generalle administration qui leur est defferée des affaires de la Communauté, & des affaires particulieres du Bureau, Et la seconde les visites qu'ils sont obligéz de faire conformément aux Ordonnances.

Cette premiere, & plus generalle desd. fonctions, consiste deux fois chacune semaine en l'Essay qui se fait à la Coppelle de tous les Ouurages d'argent, que font & fabriquent les Marchands Maistres Orfévres de la Uille de Paris, qui sont tous indispensablement obligez de les aporter ou enuoyer au Bureau, pour y estre lesdits Ouvrages marquéz du poinçon de Paris, s'ils sont trouués au tiltre de l'Ordonnance, où estre rompus & difforméz, s'ils sont trouuéz défectueux, ainsi qu'il a tousjours esté accoustumé, & c'est l'apposition de ce poinçon, qui fait la seureté publique, dans le debit des Marchandises d'Orfévrie.

La seconde obligation est la visite que les Maistres & Gardes sont obligez de faire, comme il a esté remarqué cy-deuant, & ce le plus frequemment qu'il leur est possible, c'est à dire auec rigueur, & sans consideration de personne, laquelle visite requiert vne application si assidüe, qu'elle occupe la meilleure partie du temps de leur exercice.

DES Poids de vingt-quatre carats à l'once d'Or, & douze deniers au marc d'argent, & ce qui est entendu par iceux.

POVR l'intelligence de l'Or & de l'Argent & de la difference des aleages, il faut d'abort obseruer que le denier à l'égard de l'Argent, & le 2e qui s'apelle carat, à l'égard de l'Or ne sont que des parties proportiõnel es inuentés pour recõnoistre les degrés de pureté où de mélanges dans la masse & la substance de ces deux métaux. Ceux qui les premiers se sont appliqués à reconnoistre la pureté ou l'alleage de l'Or & de l'Argent, ont fixé dans de l'argent le dernier degré de pureté, autrement dit de fin (selon que l'experience ils en ont pû iuger) à vn point certain, & toute l'étendüe qui conduit à ce dernier degré, a esté partagé par eux en deux parties, qu'ils ont appelles deniers; De sorte que dans cette maniere d'estimation qui leur a paru tres facile de l'Argent à douze deniers de fin, qui est celuy qui se trouue dans sa derniere perfection de bonté

&

& de pureté, ils ont sur ce poids fixé le plus ou le moins de fin selon que l'argent par l'essay aprochoit ou s'essloignoit plus ou moins de ce degré de douze deniers; Et à l'égard de l'Or pour establir quelque difference en la maniere d'en iuger, ils ont fixé ce dernier degré de sa pureté à vingt-quatre carats, c'est à dire à vn point ou au dernier terme d'vne étenduë diuisée par eux en vingt-quatre parties, & mesme pour en iuger auec vne plus grande exactitude, ils ont encor par vne subdiuision tres ingenieuse partagé chacune de toutes ces parties en plusieurs autres, sçauoir, chacun denier de fin à l'égard de l'Argent en vingt-quatre parties, qu'ils ont appellés grains & chacun carat : A l'égard de l'Or en autres parties proportionnelles diuersement designez, ainsi qu'il sera remarqué cy-apres, de sorte que sur cette connoissance & sur ces principes on iuge aisement par l'effet du feu, & sur le raport de la balance (en faisant l'essay d'vn morceau d'argent) quel en est le tiltre.

Ce qui est entendu par le poids de vingt-quatre carats de fin à l'once d'or, ainsi que des douze deniers de fin pour marc d'argent, n'est donc à proprement parler qu'vne idée qui sert comme il a esté dit à connoistre les degrez differents de pureté d'alleage dans ces Metaux, ce qui ne doit pas estre interpreté à la lettre, car autrement il s'ensuiuroit qu'en vingt-quatre carats, dont chacun carat ne compose que quatre grains, il ny auroit que quatre-vingt seize grains de fin à l'once, au lieu qu'il doit y en auoir cinq cens soixante & seize, de mesme que dans les douze deniers d'argent, dont chacun denier ne compose que 24. grains, il ny auroit que deux cens quatre-vingt huit grains, au lieu qu'elle doit en auoir quatre mil sept cens soixante-huit, ce qui se reconnoist tres éuidemment, c'est à dire adjoustant les poids de vingt-quatre carats & douze deniers plus ou moins au gré de celuy qui veut en faire l'experiance, où selon que la balance peut porter de ces poids.

L'Or appellé Or à vingt-quatre carats est vn poids comme il a esté dit Or fort ou foible, dont chacun carat sur le prix de 56. liur. l'once doit valoir deux liures six sols huit deniers, & les parties inferieures de ce carat à proportion.

Pour connoistre ce qu'il y a de fin en vne once d'or, l'on le passe à l'eau forte, & selon qu'il se trouue diminué de son poids, l'on luy donne le tiltre de douze, seize, dix-huit, vingt, vingt-deux, ou vingt-trois & démy cartat lors qu'il se trouue au dessus des vingt-deux carats, où qu'il aproche des vingt-trois, l'on dit à lors vingt-deux trois quarts, où vingt-deux & demy, où vingt deux vn quart ; & où il y a peu d'augmentation au dessus desdits vingt-deux carats, on dit vingt-deux vn huictiéme, vn seiziéme, vn vingt-quatriéme, vn quarantehuictiéme, vn soixante-quatriéme, & le tout comme il a esté obserué par les diminutions de ce poids, qui compose le tout, reduisant le tout en vingt-quatre parties, & chacune d'icelles en vn quart, vn deuxiéme, vn huictiéme, vn seiziéme, vn trente-deuxiéme & vn soixante quatriéme, qui est ce qui s'appelle essay à l'eau.

L'essay à la touche est tout autrement different & difficile pour bien iuger, à cause de la diuersité des couleurs, c'est à dire ainsi que cét Or a esté allayé, qui oblige de rechercher cette couleur parmy les essays, & qui fait qu'on ne iuge du tiltre que iusqu'à vn quatriéme de carat, au lieu qu'à l'eau l'on en iuge iusqu'à vn soixante-quatriéme.

Quant à ce qui concerne l'argent & le poids appellé douze deniers, ce n'est aussi qu'vn poids ou fort ou foible, toutesfois ordinairement du poids de trente grains poids de marc, & deux cens quatre vingt huit grains de fin, & dont chacun desdits douze deniers de fin, sur le pied de trente liures le marc, doit valoir deux liures dix sols le denier, & les grains de ce denier à proportion.

Pour finallement connoistre ce qui est de fin en vne partie d'argent, l'on tire de cette partie le poids de douze deniers l'essay estant bien fait à la Copelle selon que ce poids de douze deniers est décheu, on luy donne le tiltre de vnze deniers, dix, douze, seize, ou vingt grains, lesquels grains se partissent encore apres en vn deuxiéme, vn quatriéme, & quelque fois en vn huictiéme, qui fait dire à lors vnze deniers dix grains trois quarts, ou vnze deniers dix grains & demy, ou vnze deniers dix grains vn quart, ou vnze deniers dix grains vn huictiéme moins rarement ce dernier, en ce qu'vn huictiéme de grain de fin n'est qu'vn soixante-douziéme de grain de marc, qu'il est comme impossible de reconnoistre.

V TEMPS AVQVEL L'ON A COMMANCÉ D'ESTABLIR ET Esliré des Maistres & Gardes, les noms & surnoms de ceux qui ont esté appellez en l'exercice & fonction de cette charge.

'AN DE GRACE 1330. PHILIPPES VI. DIT DE VALLOIS, Considerant l'excellence de l'Art d'Orfévrerie, fit l'honneur à ceux qui en faisoient la profession en la Ville de Paris capitalle du Royaume, de les establir en Corps Communauté; & leur accorda pour Armoirie singuliere une Croix d'or dantellée en champ de gueulle, accom-gnée de deux Couronnes & de deux Couppes aussi d'or à la Banniere de France en chef, & ce pour marques onorables de leur fidelité, dans la garde qu'il leur commettoit des meubles precieux & ioyaux de sa Couronne, leur permit de faire par chacun an choix de six des plus capables d'entr'eux qui seroient nommez Maistres Gardes, qui devroient particulierement s'appliquer (comme ils ont tousjours fait) à empescher les abus & versations de leur Art; L'Election en fut commancée le 20. Ianvier 1337. & à depuis esté continuée iusques la presente année 1671. ainsi qu'il ensuit.

Elix Dancere. ean de Lisle. lleaume Gameau. homas Anquetin. Parvin. illes le Coustellier.	Pierre Bouder. Jean Berthe. Guillaume Vasselin. Jean de Sevre. Pierre le Blond. Guillaume Deladehors.	Pierre Lecomte. Thibault Delafontaine. Jean Massus. Jean Deseure dit le Duc. Jean Lemire. Jean Leclere.	Enguerrand Lepevrier. Jean de Nangis. Richard Devilliers. Martin Lefevre. Jean Leroux. Guillaume Lenormand.	Arnoul Lepeotier. Jean Dedreux. Roger Deschamps. Alleaume [illegible]. Guillaume Fongeis. Jean Porrevin.
1337.	1338.	1339.	1340.	1341.
egnault Havé. ierre Bouder. Vasselin. Desoisson. Anquetin. uyart Villain.	Pierre Lecomte. Jean Deseure l'aisné. Jean Machue. Iacques Dubouillon. Jean Delahaye. Jean Pangnet.	Jean Paton. Jean Deseure, dit le duc. Pierre Leblond. Jean Parvis. Laurent Dinys. Thomas Toutin.	Richard Devillers. Pierre Frollier. Martin Lefevre. Guillaume Demontpellier. Pierre Mangras. Pierre Delachapelle.	Thomas Anquetin. Jean Poictevin. Guyart Villain. Jean Leroux. Jean Dedreux. Jean Cornellier.
1342.	1343.	1344.	1345.	1346.
lleaume Gorlan. egnaud Havé. e Bouder. Denangis. nis Dehommet. s Delangre.	Jean Detour. Roger Desoisson. Jean Bidaule. Jacques Boullon. Robert Havé. Jean Desparnon.	Jean Dentantes. Martin Lefevre. Thomas Contant. Richard Desnes. Guillaume Gargouilles. Gilles Pasquier.	Pierre le Blond. Guyart Villain. Guillaume Vasselin. Guillaume Basin. Jean Levaillers. Jean Lecomte.	Regnauld Havé. Pierre Bouder. Jean Dedreux. Jean Denangis. Raoul Lepevrier. Robert Lemarescal.
1347.	1348.	1349.	1350.	1351.
Denangis. Leroux. ierre Delachapelle. homas Delangres. an Mellier. ierre Desbarres.	Thomas Anquetin. Richard Devilliers. Thomas Contant. Pierre Hebert. Pierre Lallemand. Hermand Turpin.	Guyard Villain. Guillaume Vasselin. Richard Desnes. Jacques Demoreuils. Jean Mellin. Jean Chastelin.	Pierre Bouder. Robert Lemarescal. Gilles Pasquier. Pierre Vidame. Jacques Leblond. Nicolas Doupin.	Pierre Leblond. Pierre Delachapelle. Raoul Lepevrier. Jacques Miter. Jean Declichy. Regnault Bochers.
1352.	1353.	1354.	1355.	1356.
hibault Delafontaine. ierre Desbarres. Gargouille. ervin Turpin. obert Dudoeil. enry Iolly.	Martin Lefevre. Jean Leroux. Thomas Pocart. Guillaume Letourneur. Robert Rachet.	Richard de Villers. Thomas Toutin. Simon Loiseleur. Jean Lescuyer. Pierre Lemaistre. Guillaume Deladehors.	Guyard Villain. Jean Mallin. Pierre Deseure. Thomas Durdan. Pierre Leclerc. Garnier Baudelle.	Jean Declichy. Jean Mellier. Jean Chastelin. Simon Pasquier. Gilles Menent. Jean Denangis.
1357.	1358.	1359.	1360.	1361.
rd Desnes. ierre Vidame. ierre Tuper. Laquaille. e Dontjean. Cornard.	Pierre Bouder. Robert Lemarescal. Guillaume Tuffée. Guillaume Lecoulier. Guillaume Lesoullons.	Richard de Villers. Robert Rachet. Regnault Bochet. Martin Marchielle. Jean Iolly.	Garnier Baudelle. Thomas Duredent. Pierre Lemaistre. Jean Demaucreux. Jean Tallemer.	Guyard Villain. Guillaume Deladehors. Henry Iolly. Guillaume Leboicier. Jean Mouton. Jean Lecomte.
1362.	1363.	1364.	1365.	1366.

Martin Lesevre. Richard Desaes. Simon Pasquier. Arnoul rurgis. Jean Poupelin. Pierre Hebert. 1367.	Jean Mellier. Guillaume cargouille, Nicolas ciffard. Jean Havé. Thomas Jourdin. Pierre Leclere, 1368.	Robert rector. Guillaume Foulon. Jean Denangis. Robert Duval, Roger Delaporerne. Simon Payner. 1369.	Jean de Maucrols. Thomas Duredent. Jean rhaillemer. Laurent Malacquin Girard Drussonaf. Pierre Laurier. 1370.	Guillaume Deladehors, Pierre Lemaistre Henry Jolly. Pierre Hebert. Adam de Mante. Jean Pecquignys 1371.
Richard Desaes. Simon Pasquier. Guillaume Losée. Nicolas Giffart Nicolas Demancreur. Bouchard Delafontaine. 1372.	Robert rector. Jean Jolly. Jean Mouton. Pierre Leclere. Pierre Vallain. Jean Garnier. 1373.	Guillaume cargouille; Jean Havé. Jean Poupelin. Thomas Jourdin. Pierre Varras. Simon Lefévre. 1374.	Jean de Maucrols. Simon Palnet. Girard Dansonar; Jean Denangis. Philippes de Belly. Jean Deverdelay. 1375.	Pierre le Maistre. Nicolas Giffart. robert Duval, Simon Pasquier. Richard cuesnel. Jean Clement. 1376.
Pierre le Clerc. Nicolas Maucroys. Bouchard Delafontaine. Geoffroy Comondes Pierre Ajart. Jean Obelet. 1377.	Jean Mouton. Roger Delaporerne. Jean Havet, Pierre Hebert. Jean de S. Laurent. Jean de Mets. 1378.	Jean Denangis. Pierre Barras. Jean Garnier. Simon Lefevre; Nicolas Hebert. Thibault Havet. 1379.	Jean Jolly. Pierre le Maistre Jean Deverdelay. Estienne Maridier. Jean le Normant. Jean de Ponteaudesumer. 1380.	Pierre le Maistre. Richard cuesnel. Jean Clement. Jean Lespen. Robert Tamberel. Geufroy Dudueil. 1381.
Robert rector. Jean Mouton. Nicolas Maucrels. Martin Delachaussée. Oudinet de Marnay. Jean Delangre. 1382.	Robert Duval. Nicolas Giffart Philippes de Vally. robert Aufroy. Jean Hebert. Thibault Degalardon. 1383.	roger Delaporerne. Pierre Ajard. Bouchard Delafontaine. Jean Denangis. Jean Pijart.. Pierre Havet. 1384.	Pierre Barras Jean Lespant. Jean Masse. Simon Palnet. Denis Aguillon. Gallyot Dupont. 1385.	Jean de Verdelay; Jean de Ponteaudemer. Jean de Langres. robert de Sonaf; Jean Hazard, Jean Boileau. 1386.
Nicolas Giffard. Nicolas Maucreux. Jean Climent. Alon Nicolas. Guillaume Erodes Oudart Despinal. 1387.	roger Laporerne. Jean de Nangis Jean Hebert. Jean Pellerins. Adam Tourin. Jean Compere. 1388.	robert Duval. Jean Mouton. Jean Pijart. Jean Davry. Estienne Guillemer. Raoul de Betizy. 1389.	Jean de Ponteaudemer. Jean Demes. Marcelin Delachaussée. Pierre Blondel. Geufroy Duhamel. Noël Dufour. 1390.	Jean de Verdelay. Oudart Despinal. Jean Hazart. Jean Rousseau. Gilles Havet. Mathurin Neret. 1391.
Jean de Nangis. Pierre Havet. Oudart de Marnay. Jean Havet le jeune. Nicolas Marolle. Raoul Delizy. 1392.	roger Delaporerne. Simon Palnet. Jean Hebert. Jean Gillebert. Jeusien Baudelle. Andry Coulam. 1393.	Jean Climent. Jean de Langre. Jean Pijart. Geufroy Dudueil. Simon de Boulen. Pierre Dechoisy. 1394.	Nicolas Giffart. Simon Lefévre. Jean le Hazart robert de Sonaf. Jean Godart. Pierre Cheval. 1395.	Guillaume Arode. Jean Dury. Jean Rousseau. Nicolas Marolle. Jean le Comte. Pierre de la Dehors. 1396.
Roger de la Porerne. Pierre Havet. Jean de Verdelay. Raoul de Lisy. Clement Lefévre. Adenet Lecomte. 1397.	Jean Hebert. Jean Gillebert. Simon Payner. Pierre de S. Maur. Pierre de la Pessolle. robert Besson. 1398.	Jean Compere Raoul de Betizy. Pierre Chenard. Jean Havet le jeune. Jean Boisville. Philippes Pijart. 1399.	Jean de Langre. Simon le Fevre. Jean Rousset. Pierre Deladehors. Pierre Rollin. Guillaume Boudeau. 1400.	Roger Delaporerne. Perre Havet. Jean Pijard. Oudart Despinal. Berthelot de la Lande. Nicolas Marolle. 1401.
Robert Au[illegible]. Jean Berthelot. Robert de Sonaf. Jean Gilbert. Geufroy Ferrand. Thibault Deneuil. 1402.	Jean de Maucrols Jean de Boisville. Robert Bessovin. Jean Hebert. Pierre de Saint Maur; Olivier Sarazin. 1403.	Jean Compere. Jean Clement. Pierre Chenard. Guillaume Boudeau, Simon Martiry. Perrin de Mes. 1404.	Roger de la Porerne. Pierre Havet. Perrin Deladehors. Pierre Raoullin. Robin Aubert. Guillot Sager. 1405.	Marcelin de la Chaussée. Jean Pijart. Thibault Deneuil. Geufroy Ferrand. Guillemin Mouton. Therenin Barbier. 1406.
Jean Compere. Jean Gilbert. Jean de Boisville. Jean Hebert. Berthelot de la Lande. Adenet Barberin. 1407.	Jean le Conte. Robert Anjoust. Pierre de Mes. Simon Maries. Jean le Févre dit Perle; Olivier Sarazin. 1408.	Pierre Hamée. Nicolas Marolle. Pierre Deladehors Guillot Sager. Thomas le Boisier. Phelot de Maries. 1409.	Roger de la Porerne. Jean Pijart. Berthelot de la Lande; Jean de Bihardel. Jean Compains. Thibault Deneuil. 1410.	Jean de Boisville. Phelot Pijard. Berthelot de la Lande. Robin Aubert. Jean Nicolas de Gonesse. Perrin Voperrin. 1411.

Hebert. de Mes: on Martray; uillemin Mouton. an Nicolas. ult Pijard. 1412.	Jean Compere. Jean le Fevre dit Petit. Olivier Sarazin. Jean le Masson. Emart de la Poterne. Adam du Mery. 1413.	Pierre Huvet. Jean Pijart. Jean Compans. Thevenin Barbier. Jean Vaillant. Jean Moulier. 1414.	Rambert Aubert. Berthelot de la Lande. Mahelin Neves. Pierre Tharin. Pierre Hazard. Jean Hadin. 1415.	Pierre Deladehors. Jean Lebeurdel. Thomas Leboisler. Jean Nicolas Degonesse. Jean Chastellain. Julien Gaulsier. 1416.
Compere. le Masson. Hebert. Martray. Leroy. Bouvillier. 1417.	Pierre de Mes. Estienne Barbier. Jean Nicolas. Josse de Dimart. Simon Cossart. Jean de Villeneufue. 1418.	Pierre Huvet. Berthelot de Lalande. Renault Pijart. Jean Guerin. Pierre Hazard. Adenet de Mery. 1419.	Jean Beglardel. Jean Decompans. Jean Lefevre dit Petit. Jean Molier. Jean Deburetort Mahier Nicolas 1420.	Robert Aubert. Jean Nicolas Degonesse. Jean Debonvillier. Aubertin Debaumes. Jean le Févre de Mante: Martin le Masson. 1421.
le Masson: Chastelain. Cossart. Nicolas. Fournier. uillaume Benoises 1422.	Jean Hebert. Simon Damartray. Jean de Villeneufue; Pierre Barthelemi. Hermant Aubert. Jean Benoise. 1423.	Regnault Pijart. Pierre Deladehors. Adam de Mery. Christophe de Chelle. Guillet Frozart. Jean Foullon. 1424.	Guillaume Mouton. Jean Nicolas. Aubertin Debaume. Guillaume le Sellier. Fillot Garnier. Jean Barthelemy. 1425.	Robert Aubert. Simon Cossart. Jean Hadin. Jean Fremault. Adam Villain; Fleurant Moreau; 1426.
le Fevre. Debonvillier. uillaume Benoise. uillaume Bienvenu. Guyart. Pijart. 1427.	Simon Demartray. Pierre Barthelemi. Jean de Villeneufue. Pierre de S. Dizier. Jean Lefourbeux. Jean Daniel. 1428.	Jean Lemasson. Regnault Pijart. Josse de Dompmart; Jean Fournier. Simon le Sellier; Perrin Cossart. 1429.	Jean Vaillant. Jean le Févre de Mante. Martin Lemasson. Obertin Debaumes. Jean Legallois. Perrin Neves. 1430.	Adam Mery. Adam Villain. Simon Cossart. Jean Barthelemy. Jean Herbout. Thomin Leschassot. 1431.
obert Aubert. Nicolas. n Deslertot. illes Frozart. e de Sachy. ean Demaubolcot. 1432.	Simon Martray; Fleuri Garnier. Jean de Villeneufue. Simon Baragon. Andri Migron. Jean Lemaignan. 1433.	Jean Lemasson. Jean Fournier. Jean Foullon. Christophe Deberlaas. Nicolas Vaillier. Jean Herrend. 1434.	Jean Vaillant. Simon Cossart. Guillaume Lesellier; Guillaume Benoise. Jean Martin. Simon Chartier; 1435.	Jean Lefévre. Regnault Pijart. Nicolas Guyart. Jean Legallois. Berthelot Lefévre. Jean Villain. 1436.
Devilleneufue; ean Lefourbeux. Lemaignant. ean Villars. rancois Violette elix Garnier. 1437.	Jean Nicolas. Jean Fournier. Andry Mignon; Jean Chenard. Jean Brin. Jean Anguerent. 1438.	Simon Cossart. Martin Masson; Simon Chartier. Arnoul Berlant. Nicolas Chevrier; Guillaume Barbedor. 1439.	Guillaume Benoise. Nicolas Guyart. Jean Martin. Thibault Dereeil: Andry Desjardins; Jean Dubois. 1440.	Jean le Févre dit Petit; Jean Legallois. Pierre de Sachy. Simon Benoise. Estienne Heulleure; Pierre Aubin. 1441.
Jean Vaillant. Jean Lefourbeux. Jean Lemegnan. Foncelet Bouger. Jean Marcelet. Michel Gillebert. 1442.	Jean Fournier; Andry Mignon. Jean Chenard. Felix Garnier. Geoffroy de Nelles Hamory Delacesse. 1443.	Guillaume Benoise. Jean Martin. Jean Enguerrant. Pierre Desachy. Pierre Eliart. Jean de Rouen. 1444.	Jean Fournier. Andry Mignon. Jean Chenard. Guillaume Benoise. Pierre Eliart. Jean de Rouen. 1445.	Jean Fournier. Andry Mignon. Jean Chenard. Guillaume Benoise. Pierre Eliart. Jean de Rouen. 1446.
Jean le Fourbeux. Jean Brin. Jean Harbout. Jean Lechalois; Pierre Tivier. Oudin Benard. 1447.	Jean le Fourbeux. Jean Brin. Jean Harbout. Jean Lechalois; Pierre Thivier. Oudin Benard. 1448.	Jean Lefourbeux, Jean Brin. Jean Harbout. Jean Lechalois. Pierre Thivier. Oudin Benard. 1449.	Jean Lefourbeux, Jean Brin. Jean Harbout. Jean Lechalois, Pierre Thivier. Oudin Benard! 1450.	Jean le Fourbeux. Jean Brin. Jean Harbout. Jean Lechalois. Pierre Thivier. Oudin Benard. 1451.
Jean le Fourbeux. Jean Brin. Jean Harbout. Jean le Chalois. Pierre Thivier. Oudard Benard. 1452.	Guillaume Benoiset Jean Martin Jean Anguerent. Jean de Rouen. 1453.	Andry Mignon. Jean Lemeignan. Estienne Hulleure, Pierre Aubin. Jean Feraicle. Jean Debouvillier. 1454.	Andry Desjardins. Nicolas Chevrier. Geoffroy Denelle. Nicolas Corpener. Pierre Hebert. Jean Mahier. 1455.	Guillaume Benoise. Jean Martin. Simon Lesellier; Thibault Dureeil. Pierre Hebert. Jean Lebarbier. 1456.

Guillaume Benoist. Jean Martin. Simon le Scellier. Thibault Durueil. Pierre Hebert. Jean le Barbier.	Jean Vaillant. Jean Lerragnon. Jean Enguerant. Jean Daniel. Jean Guyart. Augustin François.	Andry Mignon. Amaury Delatreste. Jean Debonvillier. Jacques Lepirre. Nicolas Delafeuilliée. Regnault Augois.	Jean Chenard. Jean Frenicle. Jean Derollen. Jean Mayelle. Regnault Pijart. Pierre Debonvillier.	Jean Legallois. Simon Lescellier. Estienne Hulievre. Pierre Hebert. Jean Seneschal. Jean Josuane.
1457.	1458.	1459.	1460.	1461.
Jean Lemaignan. Geoffroy de Nelles. Augustin François. Robert Bonvallet. Humbert Anguerin. Martin Mignon.	Pierre Thivier. Jacques Lepirre. Jean Daniel. Nicolas Delafolie. Pierre Voisin. Jean le Flamant.	Andry Mignon. Jean Debonvillier. Jean Guyart. Regnault Pijart. Pierre Massien. Thomas Sanson.	Andry Mignon. Jean Frenicle. Jean Guyart. Regnault Augois. Pierre Chevalier. Guillaume Lemaistre.	Pierre Aubin. Thibault Dureuil. Jean Lebarbier. Gilles Enguerant. Pierre le Comte. Jean Violette.
1462.	1463.	1464.	1465.	1466.
Pierre Thivier. Jacques Lepirre. Jean Mayet. Jean Delaruelle. Antoine Levacher. Thibault Goret.	Pierre Hebert. Regnault Pijart. Jean Jarseau. Pierre Barat. Pierre Boulanger. Guillaume Rabache.	Jean Frenicle. Jean le Flamant. Thomas Sanson. Jean Enguerant. Denis Voisin. Marc Legrand.	Jean Lebarbier. Martin Mignon. Pierre Chevalier. Guillaume guinguet. Estienne Huet. Laurent Lormier.	Thibault Dereuil. Pierre Nivoisin. Pierre Massien. Pierre Lecomte. Philippes Enguerant. Denis Monceau.
1467.	1468.	1469.	1470.	1471.
Estienne Hulievre. Jean le Seneschal. Jean Viollette. Antoine Vacher. Jean Boursin. Jean Briffet.	Jean Frenicle. Jean le Flamant. Thibault Goret. Guillaume Rabache. Guillaume Marcel. Jean Delatreste.	Jean Lebarbier. Martin Mignon. Thomas Sanson. Pierre Chevalier. Pierre Laurier. Jean le Roy.	Thibault Dereuil. Michel Gilbert. Pierre le Comte. Pierre Boulanger. Guillaume Chipot. Guillaume Martin.	Pierre Hebert. Antoine Vacher. Pierre Barat. Guillaume guinguet. Jean Billot. Pierre Fleury.
M 1472.	N 1473.	O 1474.	P 1475.	Q 1476.
Jean Frenicle. Jean Massien. Thibault Goret. Pierre Daniel. Pierre de Langres. Jean Delaruelle.	Jean Lebarbier. Justin Jognoys. Jean Joseau. Marc Legrand. Pierre le Flamant. Antoine Champin.	Estienne Hulievre. Thomas Sanson. Pierre Chevalier. Denis de Monceaux. Jean Hebert. Guillaume Marcel.	Michel gilbert. Pierre Boulanger. Pierre Lecomte. Laurent Lormier. Pierre Ansoult. Robert de Rouen.	Jean Frenicle. Antoine Vacher. Pierre Lamer. Jean Billot. Simon le Sage. Jean Dereuil.
R 1477.	S 1478.	T 1479.	V 1480.	X 1481.
Martin Mignon. Pierre Massien. Pierre Daniel. Pierre de Lange. Jean Chevrier. Nicolas Varin.	Thomas Sanson. Pierre Chevalier. Estienne Huet. Pierre le Flamant. Robert Chartier. Jacques Depraft.	Estienne Hulievre. Jean Violette. Guillaume guinguet. Jean Leroy. Thibault Frenicle. Pierre Doene.	Jean Frenicle. Pierre le Comte. Marc Legrand. Guillaume Chipot. Felix Protel. Jean Sanson.	Martin Mignon. Jean Joseau. Pierre Daniel. Guillaume Marcel. Fery Perier. Mathieu Levacher.
Y 1482.	Z 1483.	A 1484.	B 1485.	C 1486.
Thomas Sanson. Pierre Laurier. Pierre de Lange. Nicolas Brin. Pierre Boisset. Jean Frenicle le jeune.	Pierre Chevalier. Denis de Monceaux. Pierre Ansoult. Jacques de Praft. Girard Thumet. Robert Mauve.	Pierre le Comte. Pierre le Flamant. Jean Leroy. Jean Daniel Faisal. Milan Debruffy. Jean Avonde.	Jean Frenicle le jeune. Estienne Huet. Pierre Daniel. Guillaume Marcel. Jean Lery. Jean Rouger.	Jean Joseau. Laurent Lormier. Jean Delatreste. Jean Chevrier. Antoine Romel. Jean Debonvillier.
D 1487.	E 1488.	F 1489.	G 1490.	H 1491.
Martin Mignon. Marc Legrand. Thibault Frenicle. Girard Thimier. Pierre Mayet. Simon Creslé.	Pierre Lecomte. Nicolas Brin. Robert de Rouen. Jean Frenicle. Sebastien Boulanger. Pierre Thimier.	Pierre Daniel. Guillaume Marcel. Pierre Ansoult. Felix Protel. Bonaventure de la Frete. Pierre Thimier.	Pierre Delange. Jean Daniel Faisal. Mathieu Levacher. Milan de Bruffy. Jean de Rufange. François de Reimes.	Jean Delatreste. Jacques Depraft. Girard Thumet. Pierre Mayet. Estienne Lecharpentier. François de Reimes.
I 1492.	K 1493.	L 1494.	M 1495.	N 1496.
Martin Mignon. Jean le Chevrier. Jean le Bonvillier. Simon Creslé. Jean Boursin. Guillaume Hemant.	Pierre Lecomte. Pierre Ansener. Robert Manoe. Nicolas le Moyne. Bonnaventure Delafrete. Pierre Belfame.	Guillaume Marcel. Thibault Serville. Jean Avonde. Estienne le Peuple. Guillaume Barbedor. Claude Massien.	Pierre Delange. Jean Leroy. Jean Rogers. Jean Lery. Adenet Caillot. Jean de Melun.	Martin Martin. Mathieu Levacher. Simon Lesage. Pierre Thoillier. Jean de Lesement. Denis Chenist.
O 1497.	P 1498.	Q 1499.	R 1500.	S 1501.

ierre Lecomte. ean Frenicle. venture Delafrette. stienne Lecharpentier. ichel Pijart. enry de Moissiere. T 1502.	Jean Joseau. Guiard Tremel. Simon Cresse. Jean de Rusange. Jean de Castillon. Jean de Crevecœur. V 1503.	Jean le Roy. Felisier Frotel. Nicolas le Moyne. Guillaume Cauchet. Pierre Frenicle. Sebastien Boulanger. X 1504.	Martin Mignon. Mathieu Vacher. Jean Lerry. Jean de Melon. Jean gilledon. Nicaise Dupuis. Y 1505.	Pierre Delange. Jean Rouget. Estienne Lepeuple. Guillaume Barbedor. Jean Crochet. Jean Massieu. Z 1506.
venture Delafrette. imon Cresse. stienne Charpentier. ichel Pijart. Guillaume Legrand. Chefdelaville. A 1507.	Jean Leroy. Jean Rusange. François Desremes. Jean de Crevecœur. Jean Caurele. Jacques Laurier. B 1508.	Martin Mignon. Fezilet Frotel. Jean Castillon. Nicaise Dupuis. Jacques Lecamus. Guillaume Auchecorne. C 1509.	Jean Rouget. Estienne Lepeuple. Nicolas Lemoine. Jean Hocbet. Guillaume Tostre. Thibault Jambon. D 1510.	Pierre Delange. Estienne Charpentier. Guillaume Barbedor. Guillaume Chefdelaville. Guillaume Cousin. Jacques le Févre. E 1511.
venture Delafrete. Vacher. e Thuillier. laume Legrand. Roger. d Tourin. F 1512.	Jean Frenicle. Simon Cresse. Jean Cointel. Jacques Laurier. Pierre Peret. Estienne Delange. G 1513.	Jean Rouget. Estienne Lepeuple. Michel Pijart. Guillaume Auchecorne. Jean Dolin. Michel Bertrand. H 1514.	Martin Mignon. Estienne Charpentier. Guillaume Chefdelaville. Guillaume Cousin. Jean Hotmant. Jean Bordier. I 1515.	Simon Cresse. Nicolas Lemoyne. Nicaise Dupuis. Jean de Crevecœur. Mathieu Marcel. Guillaume Castillon. K 1516.
ierre de Lange. uillaume Barbedor. ean Cointel. acques Lefévre. icolas Mildrope. acques Nicolas. L 1517.	Jean Frenicle. Michel Pijard. Jacques Laurier. Guillaume Auchecorne. Guillaume guingand. Pierre de Rouën. M 1518.	Martin Mignon. Guillaume Chefdelaville. Guillaume Cousin. Estienne Delange. Thibault Hotmant. Pierre Frenicle. N 1519.	Simon Cressé. Nicaise Dupuis. Jean Hotmant. Guillaume Castillon. Jean Degastines. Jean Deceurne. O 1520.	Nicolas Lemoyne. Jean Cointel. Guillaume Legrand. Mathieu Marcel. Simon guillot. Jean Rouet. P 1521.
ean Frenicle. Barbedor. Hochecorne. ichard Tourin. icolas Menciens. Tredens. Q 1522.	Guillaume Chefdelaville. Estienne Delange. Michel Rogeret. Thibault Hotmant. Jean Viuant. René guillot. R 1523.	Simon Cressé. Jean Hotmant. Pierre de Rouen. Jean Degastine. Jean Laurent. Pierre Herondelle. S 1524.	Jean Cointel. Jean de Crevecœur. Jacques Laurier. Mathieu Marcel. Guillaume Favyes. Jean Patrolliart. T 1525.	Nicolas le Moyne. Guillaume Hochecorne. Richard Tourin. Guillaume Castillon. Nicolas Lepeuple. Jean gedouin. V 1526.
stienne Delange. Rogeret. hibault Hotmant. Frenicle. e Pincebourde. Cointel. X 1527.	Jean de Crevecœur. Jean Hotmant. Jean Degastine. Jacques Nicolas. Jean Herre. Michel Tourin. Y 1528.	Simon Cressé. Jacques Laurier. Mathieu Marcel. Jean Laurent. Pierre Lemoine. Guillaume Lambert. Z 1529.	Jean Cointel. Guillaume Hochecorne. Jean Trudame. Guillaume Parye. Jean Hocbet. Guillaume Parent. A 1530.	Estienne de Lange. Richard Tourin. Guillaume Castillon. Pierre gedouin. Philipes Leroy. Jean Lenfant. B 1531.
l Rogeret. Hotmant. de Benloes. mon guillot. m Cressé. icolas Dupuis. C 1532.	Jean Hotmant. Jean Degastine. Jean Laurent. Nicolas Lepeuple. Regnault Dannes. Pierre Pijart. D 1533.	Jean de Crevecœur. Mathieu Marcel. Jean trudaine. Thibault Cointel. Jacques Barbe. Guillaume Don. E 1534.	Jean Cointel. Jacques Laurent. Pierre gedouin. Jean Lanfant. Cardin Delalonde. Guillaume Lucas. F 1535.	Estienne Delange. Richard Tourine. Guillaume Castillon. Nicolas Dupuis. Jean Cosse. Quentin Fournier. G 1536.
Hotmant. Laurent. guillot. ppes Leroy. Cressé. Castillon. 1537.	Michel Rogeret. Mathieu Marcel. Guillaume Parie. Michel Thourin. Jean Herondelle. Jean le Roy. I 1538.	Jean Hotmant. Jean Degastines. Nicolas Lepeuple. Cardin Lalonde. Pierre Sanson. Jean Barbedor. K 1539.	Guillaume Castillon. Thibault Cointel. Jean Lenfant. Pierre Pijart. Martin Boulieu. Barthelemy Compere. L 1540	Richard Thourin. Philippes Leroy. Jacques Barbe. Simon Cressé. Jean Cousin. Jacob garnier. M 1541.
Laurent. aume Parie. astilon. Lucas. are Colomber. icolas Langlois. N 1542.	Thibault Hotmant. Nicolas Lepeuple. Nicolas Dupuis. Jean Herondelle. Jacques Degastines. Jacques Lenfant. O 1543.	Mathieu Marcel. Thibault Cointel. Pierre Pijart. Jean Barbedor. Claude de Laize. Jean Corlde. P 1544.	Guillaume Castilon. Simon Cressé. Jacques Barbe. Pierre Sanson. Robert Marpleur. Michel Pijart. Q 1545.	Jean Laurent. Jean Castilon. Martin Boulieu. Nicolas Langlois. Jacques Cosse. Pierre Laurier. R 1546.

Guillaume Pavie.
Thibault Colacel.
Nicolas Dupuis.
Jean Lenfant.
Marc Colomber.
Estienne Toslée.
S 1547.

Fary Hochecorne.
Jean Herondelle.
Guillaume Lucas.
Felix Corbie.
Guillaume Bignaud.
Claude Charron.
T 1548.

Simon Cressé.
Pierre Pijard.
Jacques Barbe.
Pierre Sanson.
Pierre Hormant.
Noël Pincebourde.
V 1549.

Nicolas Lepeuple.
Jean Castillon.
Nicolas Langlois.
Michel Pijard.
Pierre Hormant.
Jacques Cousturier.
K 1550.

Jean Laurent.
Jean Lenfant.
Estienne Toslée.
Pierre Laurier.
Lambert Hormant.
Jacques Pijard.
Y 1551.

Nicolas Dupuis.
Guillaume Lucas.
Cardin la Londe.
Claude Cheron.
Michel Caillan.
Jacques de Lange.
Z 1552.

Simon Cressé.
Jean Corbye.
Pierre Hormant.
Guillaume Bignault.
Claude Maral.
Cristofle Millon.
A 1553.

Pierre Pijard.
Nicolas Langlois.
Jacques de Gastine.
Jacques Couturier.
François Pasquier.
Simon Hormant.
B 1554.

Nicolas Lepeuple.
Pierre Sanson.
Lambert Hormant.
Jean Pijard l'aisné.
Jean Roüer.
Thibault Laurent.
C 1555.

Jean Lenfant.
Pierre Laurier.
Claude Charon.
Jacques de Lange.
Philippes Boursin.
Jacques Dalles.
D 1556.

Guillaume Lucas.
Pierre Hormant.
Guillaume Bignaut.
Christophe Millon.
Claude Delahaye.
Jacques Lempereur.
E 1557.

Pierre Pijard.
Jacques Degastines.
Jacques Couturier.
Noel Pincebourde.
Richart Tourin.
Joseph Charpentier.
F 1558.

Nicolas Langlois.
Lambert Hormant.
Jean Roner.
Thibault Laurent.
Nicolas Pijart.
Nicaise Dupuis.
G 1559.

Estienne Toslée.
Claude Marcel.
Jacques Dalles.
Philippes Boursin.
Jean Trudame.
Jean Delaville.
H 1560.

Pierre Hormant.
Guillaume Bignaut.
Claude Delahaye.
Jacques Lempereur.
Jean Ronnet.
Jean Beaucousin.
I 1561.

Jean Herondelle.
Jacques Couturier.
Richard Tourin.
Bonaventure Cousin.
Joseph Charpentier.
Charles Gallent.
K 1562.

Lambert Hormant.
Christophe Millon.
Jean Roner.
Thibault Laurent.
Nicolas Monber.
Pierre Touzet.
L 1563.

Nicolas Langlois.
Philippes Boursin.
Jacques Dalles.
Jean Trudame.
Jean Marces.
Charles Aveline.
M 1564.

Claude Marcel.
Claude Delahaye.
Nicaise Dupuys.
Jean Chefdelaville.
Nicolas Charpentier.
Simon Datilly.
N 1565.

Guillaume Pignault.
Richard Tourin.
Jean Beaucousin.
Charles Gallent.
Jean de la Noüe.
Jacques Pijart.
O 1566.

Jacques Couturier.
Jean Roner.
Bonaventure Cousin.
Nicolas Demobert.
Jean Iolly.
Marin Lebrun.
P 1567.

Pierre Hormant.
Christophe Millon.
Joseph Charpentier.
Pierre Touzet.
Nicolas Hardivilliers.
Philippes Lefévre.
Q 1568.

Nicolas Langlois.
Thibault Laurent.
Nicaise Dupuis.
Nicolas Charpentier.
Robert Projart.
Jacques Beguin.
R 1569.

Guillaume Bignaut.
Richard Coutin.
Jean Beaucousin.
Jacques Pijard.
Mille Taffart.
Pierre Charon.
S 1570.

Philippes Boursin.
Bonaventure Cousin.
Jean Chefdeville.
Jean de la Noüe.
Godefroy Duvatre.
Guillaume Dubuisson.
T 1571.

Pierre Hormant.
Jean Roner.
Nicolas Demobert.
Philippes Lefévre.
François Desjardins.
Simon Langlois.
V 1572.

Joseph Charpentier.
Nicolas Charpentier.
Jean Jolly.
Remond Megret.
Nicolas Hardivilliers.
Michel Millon.
X 1573.

Richard Courtin.
Jean Beaucousin.
Marin Lebrun.
Pierre Charron.
Pierre Filassier.
Pierre Fouqueret.
Y 1574.

Philippes Boursin.
Pierre Touzet.
Jean de Rosnel.
Godefroy Duvatre.
Thomas Iolly.
Pierre Gaillard.
Z 1575.

Jean Roner.
Nicolas Demobert.
Jacques Pijart.
Robert Proyart.
Pierre Devillart.
Pierre Harrier.
A 1576.

Bonaventure Cousin.
Jean Jolly.
Philippes le Fevre.
Simon Langlois.
Jean Pijart.
Claude Hemant.
B 1577.

Jean Beaucousin.
Nicaise Dupuis.
Jean Delanoüe.
Michel Millon.
Guillaume Delaise.
Jacques Benoise.
C 1578.

Joseph Charpentier.
Pierre Touzet.
Pierre Charon.
Pierre Galleart.
Philippes Dupuis.
Pierre le Peuple.
D 1579.

Nicolas Demober.
Nicolas Hardivilliers.
Guillaume Buisson.
Pierre Fillassier.
Guillaume Herondelle.
Claude Pijard.
E 1580.

Philippes Boursin.
Jean Jolly.
Simon Langlois.
Pierre Fouqueret.
Guillaume Metayer.
Lambert Hormant.
F 1581.

Pierre Hormant.
Philippes le Fevre.
Thomas Jolly.
Jacques Benoise.
Pierre Nicolas.
Jean Pieret.
G 1582.

Pierre Touzet.
Pierre Charon.
Pierre Harrier.
Claude Hement.
Jean Havart.
Paul Charpentier.
H 1583.

Nicolas Demober.
Jean Delanoüe.
Michel Millon.
Claude Pijart.
Thibault Hormant.
Mathias Marces.
I 1584.

Jean Jolly.
Simon Langlois.
Pierre le Peuple.
Guillaume Metayer.
Jean le Voyer.
Nicolas Vauldemont.
K 1585.

Philippes Lefévre.
Pierre Filassier.
Guillaume Herondelle.
Pierre Nicolas.
Philippes de Rosnel.
Jean Lefévre.
L 1586.

Pierre Charron.
Thomas Jolly.
Philippes Dupuis.
Jean Pieret.
Louis Pasquier.
Richard Blatier.
M 1587.

Pierre Touzet.
Michel Millon.
Claude Pijart.
Jean Havart.
René Courtier.
Jean Delahaye.
N 1588.

Simon Langlois.
Pierre le Peuple.
Guillaume Metayer.
Jean le Voyer.
Jean Benoist.
Estienne S. Denis.
O 1589.

Pierre Harrier.
Pierre Nicolas.
Nicolas Vaudemont.
Philippes de Rosnel.
Jacques Bouquin.
Jean Nourry l'aisné.
P 1590.

Jean Trudaine.
Claude Pijart.
Paul Charpentier.
Balthazard Blatier.
Jean Herondelle.
Guillaume Carude.
Q 1591.

1F

Pierre le Peuple. Iean Havard. Iean le Févre. Denis Pasquier. Iean Chasellé. Pierre Hemant. R 1592.	Pierre Cousec. Guillaume du Buisson. Iean de la Haye. Iacques Bouquin. Pierre Lautier. Pierre Boucquet. S 1593.	Simon Langlois. Pierre Nicolas. Nicolas Vaudemont. Iean Nourry l'aisné. Iean Friquet. Denis Toilé. T 1594.	Pierre Hartier. Philippes de Rosnel. Baltazard Blasur. Guillaume Camus. Pierre Pelletier. Iean Gibouin. V 1595.	Pierre le Peuple. Claude Pijard. Iean le Sevre. Iean Herondelle. Iacques Langlois. Charles Aveline. X. 1596.
Guillaume du Buisson. Iean de la Haye. Estienne Sainct Denis. Iean Chaselle. Iean Beaucousin. Iacques Benoise. Y 1597.	Pierre Nicolas. Iean Havart. Iacques Bouquin. Pierre Boucquet. Pierre Touzet. Gentien Hardivilliers. Z 1598.	Pierre Hartier. Paul Charpentier. Iean Nourry. Pierre Peltier. Simon Marcel. Iacques Pijard. A 1599.	Claude Pijart. Philippes de Rosnel. Guillaume Camus. Pierre Hemant. Quentin le Court. Nicolas du Villers. B 1600.	Guillaume du Buisson. Estienne S. Denis. Iean Chazelle. Iean Beaucousin. Pierre Pincebourde. Pierre Nicolle. C 1601.
Iean de la Haye. Denis Pasquier. Iean Herondelle. Iacques Benoise. Noel Cain. Pierre Filassier. D 1602.	Iean Havart. Iacques Boucquin. Pierre Pelletier. Iean Friquet. François Benoist. Nicolas Charpentier. E 1603.	Philippes de Rosnel. Iean Nourry *l'aisné*. Pierre Boucquet. Simon Marces. Pierre Courtet. Blaise Perlant. F 1604.	Claude Pijart. Guillaume Camus. Pierre Touzet. Quentin le Court. Pierre Marcadé. George Hemant. G 1605.	Paul Charpentier. Iean Beaucousin. Denis Tossée. Gentien Hardivilliers. Charles Gaultier. Iean Crocher. H 1606.
Denis Pasquier. Iean Herondelle. Charles Aveline. Pierre Pincebourde. Pierre le Fevre. Pierre Benoise. I 1607.	Iean de la Haye. Iacques Benoise. Iacques Pijard. Pierre Nicolle. Iean Foucé. Toussainct le Riche. K 1608.	Iacques Boucquin. Pierre Pelletier. Noel Cain. Nicolas Charpentier. Claude de la Noue. Hierosme Hachet. L 1609.	Iean Nourry l'aisné. Simon Marces. Pierre Courtet. Iullien Brizcot. Iean Garnier. Pierre Touzin. M 1610.	Pierre Bocquet. Pierre Hemant. Pierre Filassier. Philippes le Févre. Paul Mercier. Toussaint Perlan. N 1611.
Guillaume Camus. Pierre Touzet. Pierre Marcadé. Iean Hautebout. Pierre Bastier. Mathieu Lescot. O 1612.	Iean Beaucousin. Quentin le Court. Iean Crocher. Simon Aveline. Nicolas Langlois. Louis Foubert. P 1613.	Iean Herondelle. Charles Aveline. Pierre le Fevre. Noel Iallour. Vincent Courtet. Denis de Bonnaire. Q 1614.	Iacques Benoise. Gentien Hardivilliers. Toussaint le Riche. Iean Bessiers. Thomas Cain. Michel de la Court. R 1615.	Denis Tossée. Iacques Pijart. Pierre Benoise. Claude Charron. François Pijart. Gabriel de Louans. S 1616.
Pierre Peltier. Pierre Pincebourde. Hierosme Hachet. Iacques Trousleville. Charles Marcadé. Michel Boildieu. T 1617.	Pierre Hemant. Noel Cain. Claude de la Noüe. Iacques Lucas. Simon Benoist. Iean de Lan. V 1618.	Pierre Touzet. Pierre Filassier. Philippes le Fevre. Claude Couturier. Antoine le Riche. Simon Hallé. X 1619.	Simon Marces. Pierre Courtet. Pierre Touzin. Pierre Charpentier. Thomas Boucher. Richard Barbedor. Y 1620.	Charles Aveline. Nicolas Charpentier. Pierre Bastier. Iacques Langlois. Gilles Rocheron. Iacques Boucquin. Z 1621.
Gentien Hardivilliers. Toussaint le Riche. Toussaint Perlan. Iean Pedreau le jeune. Antoine Pillavoine. Toussaint Martin. A 1622.	Iacques Pijart. Pierre Benoise. Denis de Bonnal. René de la Haye. Iean Verret. Pierre des Prés. B 1623.	Pierre Pincebourde. Charles Gaultier. François Pijard. Robert Nourry. Anthoine Mercier. François du Vivier. C 1624.	Noel Cain. Claude de la Noue. Iean Hautebout. Claude Potron. Simon Pijart. Guillaume Revesché. D 1625.	Pierre Fillassier. Iean Crocher. Charles Marcadé. François Desjardins. Iean Degastines. Nicolas Castien. E 1626.
Pierre Courtet. Pierre Touzin. Mathieu Lescot. Pierre Hemant. Iean le Sueur. Claude Cognlet. F 1627.	Nicolas Charpentier. Philippes le Fevre. Noel Ialour. Adam Pijard. Robert Proyart. Claude le Cocq. G 1628.	Hierosme Hachet. Pierre Bastier. Claude Couturier. Claude Marcadé. Iean Peau. Hierosme Perie. H 1629.	Denis de Bonnaire. Anthoine le Riche. René de la Haye. Iacques de Launay. Iean Laurier. Denis du Melin. I 1630.	Iean Garnier. François Pijard. Thomas Boucher. Michel Nourry. Philippes de Bonnaire. Estienne de la Grange. K 1631.
Claude de la Noue. [I]ean Perdreau. Robert Nourry. [...] de Rosnel. Remond Lescot. [Ni]colas Loire. L 1632.	Claude de la Noüe. Iean Perdreau. Robert Nourry. Pierre de Rosnel. Remond Lescot. Nicolas Loire. M 1633.	Charles Marcadé. Richard Barbedor. François du Vivier. Blaise Perlan. Pierre Allé. Iean Bessiers. N 1634.	Pierre Touzin. Iacques Langlois. Iacques Boucquin. Iean Bapt. Hardivilliers. Iean Iquvan Denis Maurice. O 1635.	Pierre Bastier. ob. Michel Boildieu. Iean de Gastines. Claude de Rosnel. Iacques Nicollé. Pierre Pijard. P 1636.

Antoine le Riche.	François Njart.	René de la Haye.	Jean Perdreau.	Richard Barbedor. ob.
Gilles Rocheron.	Antoine le Mercier.	Pierre Hemant.	Adam Pijard.	François Desjardins. ob.
Nicolas Chrestien.	Jacques de Launay.	Jean Laurier.	Claude Marcadé.	Philippes de Bonnaire. ob.
Antoine Crochet.	Jean Maces.	Michel Aveline.	Paul le Févre. Doyen.	Pierre Fillastier. ob.
Pierre Cellier.	Jean Marchedieu.	François Delaistre.	Anthoine Leblond.	Antoine de la Fosse. ob.
Henry Hauger.	Pasquier Bulot.	Jean le Mercier.	Nicolas de Bonnier. ob.	Daniel Massé. ob.
Q 1637.	R 1638.	S 1639.	T 1640.	V 1641.
Simon Hallé. ob.	Jacques Bouquin. ob.	François du Vivier. ob.	Jean de Gastine. ob.	Antoine le Mercier. ob.
Guillaume Reversé. ob.	Nicolas Loire. ob.	Jean Bapt. Hardivillier. ob.	Jean Jouan.	Blaise Perlan ob.
Jean Breteau. ob.	Jean Verret.	Claude de Rosnel. ob.	Henry Auger. ob.	Jean Marchedieu. ob.
François Lescot. ob.	Ponselet Berthe.	François Marcadé.	Guillaume Hallé. ob.	Jean de Rosnel.
Jean Prevost. ob.	Charles Couvert. ob.	Michel Jullien. ob.	Pierre Perlan.	Claude de Hemenc. ob.
Jacques Cottart.		Gabriel Chastelin. ob.	Jean Godard. ob.	Mathurin Villain. ob.
X 1642.	Y 1643.	Z 1644.	A 1645.	B 1646.
Antoine le Mercier. ob.	Nicolas Chrestien. ob.	Pierre Hemant. ob.	Claude Marcadé. ob.	Jacques de Launay. ob.
Blaise Perlan. ob	Pierre Hallé. ob.	Paul le Févre.	Pierre Cellier. ob.	Pierre Filastier. ob.
Jean Marchedieu. ob.	Antoine le Blond. ob.	Jean le Mercier. ob.	François de Lestre. ob.	Antoine de la Fosse. ob.
Jean de Rosnel.	Jacques Verret.	Charles Jalous. ob.	Philippes Rousseau. ob.	Philippes le Fevre.
Claude de Hemenc. ob.	Pasquier Charpentier. ob.	Jean Moriene. ob.	Louis Masson.	Pierre Bastier. ob.
Mathurin Villain. ob.	Louis Maurice. ob.	Pierre Auger. ob.	Denis Barbier. ob.	Claude de Villers.
B 1647.	C 1648.	D 1649.	E 1650.	F 1651.
Philipes de Bonnaire. ob.	Nicolas Loire. ob.	Jean Bap. Hardivillier. ob.	Blaise Perlan. ob.	Claude de Rosnel. ob.
François Lescot. ob.	Jean Marces. ob.	Jean Prevost. ob.	Jean Verret.	Pierre Perlan.
Jacques Cottart.	Michel Julien. ob.	Charles Couvert. ob.	Poncelet Berthe.	Jean Godart. ob.
Nicolas Langlois.	Gabriel Hardivillier. ob.	Charles de la Haye. ob.	Charles de Losan. ob.	Jean Pean. ob.
Jean Dehouan. ob.	Denis Desformeaux. ob.	Thomas Garnier. ob.	Josse Vanclève.	Claude Baslin.
Charles Ferlé. ob.	Nicolas Hubert.	Jean Gravet. ob.	Antoine Lucas.	Mathurin Heuron. ob.
G 1652.	H 1653.	I 1654.	K 1655.	L 1656.
Jean Laurier. ob.	Jean Jouvant.	Jean Marchedieu. ob.	Paul le Fevre.	Denis le Barbier. ob.
Jean de Rosnel.	Jacques Verret.	Philippes Rousseau. ob.	Nicolas Langlois.	Philippes le Fevre.
Mathurin Villain. ob.	Pierre Auger. ob.	Louis Maurice. ob.	Denis Lebarbier. ob.	Adrien Baudeau.
Philippes Pijard.	Charles Pijart.	Jean Crochet.	Pierre Courtet.	Antoine Levesque.
Pierre Bulot.	Guillaume Langlois.	François de la Haye. ob.	Adrien Baudeau.	Gilles Crevon.
François Lequin.	Jacques Gascogne.	Louis le Blond.	Antoine Levesque.	Pierre Massé.
M 1657.	N 1658.	O 1659.	P 1660.	Q 1661.
Philippes le Fevre.	Louis le Masson.	Pierre le Bastier. ob.	Thomas Garnier. ob.	Josse Vancleves.
Louis le Masson.	Pierre le Bastier. ob.	Thomas Garnier. ob.	Josse Vancleves.	Claude Baslin.
Gilles Crevon.	Nicolas Hubert.	Antoine Lucas.	Mathurin Huron. ob.	Jean Gravet. ob.
Pierre Massé.	Marc de Bonnaire.	Pierre de la Fosse.	Estienne Bouequin.	Guillaume Loire. ob.
Pierre de [illegible]	Philippes Rougemaille.	Jean Noury. ob.	Louis Pluvier. ob.	Nicolas Marin. ob.
Pierre le [illegible]	Charles Vanclesues.	Jean de Gastines.	François Jacob.	Pierre de Larbre.
R [illegible]	S 1663.	T 1664.	V 1665.	X 1666.
Claude Baslin.	Charles Pijard.	Philippes Pijard.	Jean Crochet.	Pierre de Rosnel.
Charles Pijard.	Philippes Pijard.	Jean Crochet.	Pierre de Rosnel.	Marc de Bonnaire.
Pierre Ballot	Guillaume Langlois.	Jacques Gascogne.	Louis le Blond.	Pierre le Gras.
Pierre Loire.	Claude Crochet.	Girard de Bonnaire.	Pierre Marcadé.	Oudart Chastelain.
Jean de Biars.	Nicolas Vualon.	Mathieu Gaudin.	Nicolas Dolly.	Jean Moreau.
Nicolas de Laise.	Louis Falsant.	Mathieu Daseu	Louis du Chastel.	Pierre Mouron.
Y 1667.	Z 1668.	A 1669.	B 1670.	C 1671.

En l'année 1444. il y eust opposition formée à l'Election des Gardes & ceux qui sont marqués en 1445. & 1446. furent esleus Gardes en leurs Places qui exercerent deux années apres ceux furent esleus les nommez en l'année 1447. qui poursuivirent le procez sur cette opposition formée, à cette fin demeurerent pendant les années 1448. 1449. 1450. 1451. & jusques au 28. Mars de l'année 1452. auquel temps fut terminé le procez au Parlement, & par Arrest ladite Election confirmée à l'exception d'un Particulier nommé Sich.

En 1550. les Gardes en charge firent commencer à bastir la Chapelle fondée sous l'invocation de Saint Eloy, & laquelle fut entierement achevée par les soins des Maistres & Gardes susnommez és années 1565. & 1566.

En 1632 les Gardes esleus furent continuez, & exercerent pendant deux années au sujet de l'imposition faite sur le marc d'argent qui fut revoqué par Arrest du Conseil Privé du Roy en l'année 1633.

En l'année 1646. les Gardes exercerent depuis le mois de Decembre 1645. jusques en Février 1648. au sujet du changement qu'on trouva necessaire de faire en la maniere de proceder à l'Election desdits Gardes qui se faisoient ordinairement au Chastelet par toute la Communauté.

En 1654. Charles de la Haye esleu Garde en fut deschargé rapportant son poinçon au Bureau

En 1659. fut changée la forme d'Election des Gardes au sujet de l'Arrest du Conseil sur ce intervenu, & qui fait qu'en l'année 1660. il ne fut fait election que de trois Gardes des sieurs Philippes le Févre pour ancien & de Gilles Grenon & Pierre Masse pour dernier, ainsi qu'en l'année suivante des sieurs Louis le Masson pour ancien, Pierre de Rosnel & Pierre le Gras pour jeune qui exercerent, sçavoir lesdits le Févre, Grenon & Masse pendant deux années six mois, & lesdits de Rosnel & le Gras depuis le mois de Decembre 1651. jusques au 5. Juin 1663. auquel temps fut rendu l'Arrest du Conseil Privé du Roy, qui a reglé la maniere de faire l'election ainsi qu'elle est à present, & en consequence dudit Arrest, le sieur le Masson fut continué depuis ladite année 1663. jusques en Juin 1664.

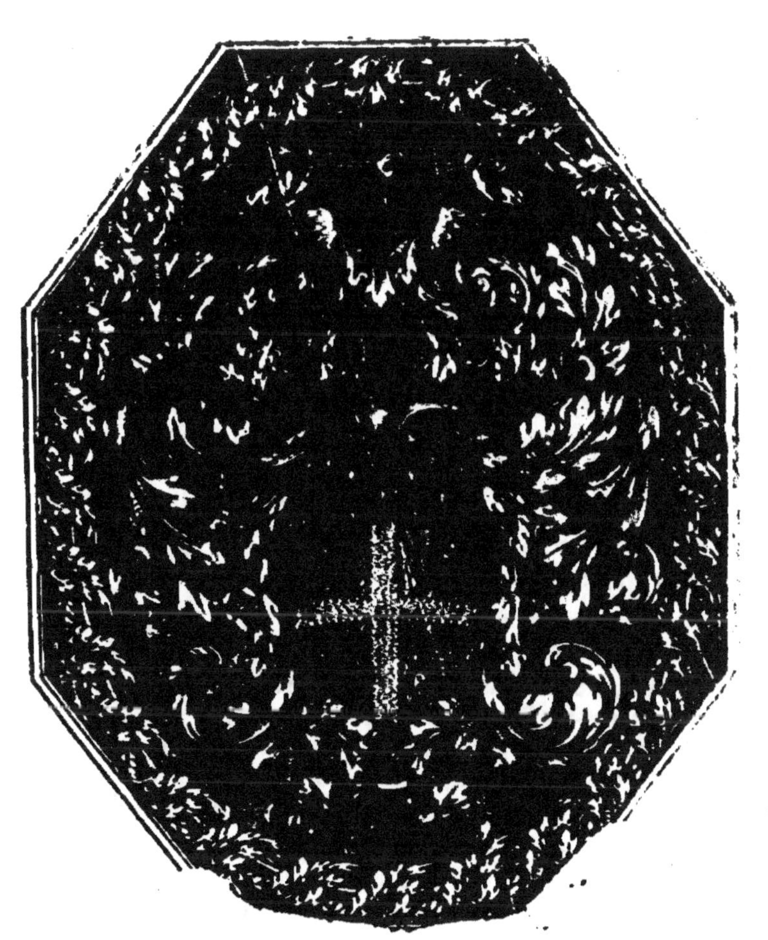

RECVEIL

DES

STATVTS, ORDONNANCES,

Reglemens, & Privileges accordez en faveur des Marchands Orfévres Ioüailliers; Avec les Extraits des Arrests & Iugemens intervenus pour la Verification & l'Enregistrement d'iceux, & pour leur Execution, tant au Conseil d'Estat & Privé du Roy, qu'en la Cour de Parlement, Cour des Aydes, Cour des Monnoyes, Chastelet, Bailliage du Palais, & autres Iurisdictions, dont les Originaux sont conservez au Bureau de l'Orfévrerie de Paris, & partie d'iceux transcris en suite du present Recueil.

Aoust 1345.

ORDONNANCE du Roy Philippes de Valois en sa Maison de Saint Ouën, confirmée du depuis par le Roy Iean son Successeur : Contenant les Premiers Statuts, Ordonnances & Privileges accordez aux Marchands Orfévres, & lesquels de temps en temps ont esté confirmez par les Roys suivans.

Mars 1378.

ORDONNANCE de Charles V. qui confirme lesdits Statuts & Ordonnances accordées aux Marchands Orfévres par le Roy Philippes de Valois : Où sont attachées les Ordonnances & Lettres du Roy Charles VI. données en l'an 1395. qui deffendent aux Gardes des Monnoyes de faire aucune visite chez les Orfévres, avec l'Ordonnance du temps de Charles VII. donnée en Mars 1429.

28. Novem. 1423. Lettre de Iussion d'Henry Roy de France & d'Angleterre qui faict deffences aux Changeurs & autres de vendre aucune Marchandises d'Orfevrie.

> Il est à remarquer qu'en ce mesme siecle en l'année 1466. le Pape Paul II. accorda en faveur de la Chapelle S. Eloy dite des Orfévres les privileges que ce mesme Roy avoit pour faicts sous le Pontificat d'Eugene IV. de nom, par lesquels il est permis aux Gardes de l'Orfévrerie de faire celebrer le Service Divin en leur Chapelle par tel nombre d'Ecclesiastiques qu'ils jugeroient necessaire sans pouvoir estre troublez par les Doyen & Chapitre de S. Germain de l'Auxerrois; Et lors que lesd. Marchands Orfévres ont esté troublez dans l'usage qu'ils ont de leur Chapelle, ils ont esté aussi tost maintenus. Il y a mesme un plus recent de l'Ordonnance de Monseigneur l'Archevesque de Paris donnée en leur faveur le 4. Iuin 1657. qui fut suivie d'une Sentence contradictoire de Monsieur le Lieutenant Civil, à cause du Chapelain qu'ils avoient trouvé à propos de destituer, & auquel il fut enjoint de vuider des Lieux qu'il occupoit en ladite qualité. Ausquelles Bulles & Ordonnance de Monseigneur l'Archevesque est attachée la Sentence du sieur Prevost des Marchands rendue en faveur des Orfévres en l'an 1564

14. *Iuin* 1510.

ORDONNANCE du Roy Louis XII. donnée à Lion, Par laquelle, entr'autres choses, il est permis aux Orfévres de fondre & forger toutes sortes de Vaisselles d'Argent de tel Poids que bon leur semblera.

18. *Aoust* 1523.

ORDONNANCE en faveur des Orfévres, Extrait des Registres du Chastelet, par laquelle il est fait Deffenses à tous Tabletiers Merciers, & autres, de vendre ny acheter aucunes choses d'Or ny d'Argent, si ce n'est pour Billon; Où sont inserés plusieurs Reglemens sur le fait de l'Orfévrerie : Notamment vne Exemption Generalle du Guet, & autres sujettions ausquelles, de ce temps là, les Bourgeois estoient assujetis : Et encore le quint de tous les Epaves à leur profit.

7. *Iuin* 1534.

LETTRES Patentes du Roy François I. données à Vannes, qui confirme les Ordonnances renduës en faveur des Orfévres par les Roys ses Predecesseurs, & qui leur accorde de nouveaux Privileges : Où sont attachées d'autres Lettres du 16. Aoust 1541. touchant les exemptions qu'il avoit faites en leur faveur, tant au sujet du Guet, que pour autres fonctions de Ville, où les Bourgeois estoient obligez de se trouver.

14. *Novembre* 1541.

AUTRES Lettres Patentes du mesme Roy données à Fontainebleau, avec l'addresse en sa Chambre des Comptes, par lesquelles les Marchands Orfévres ont esté déchargez de faire marquer les menus Ouvrages d'Or & d'Argent qu'ils estoient obligez de faire marquer.

21. *Septembre* 1543.

ORDONNANCE du mesme Roy François I. donnée à Sainte Menehoult, contenant vn Reglement general sur les Ouurages d'Orfévrerie, en consequence des Deliberations faites en la Chambre des Comptes & en la Cour des Monnoyes; au bas de laquelle est l'enregistrement du Parlement du premier Decembre audit an 1543.

2. *Mars* 1548.

LETTRES Patentes du Roy Henry II. données à Fontainebleau, Par lesquelles les Orfévres sont déchargez de recevoir aucuns Maistres par Lettres, en faveur du Mariage des Roys, & de la Naissance de leurs Enfans, ou autrement, verifiées en Parlement le 29. May 1554.

Iuillet 1550.

LETTRES Patentes du mesme Roy, aux fins de ses precedentes Lettres données en Mars 1548.

18. Iuillet 1551. Arrest du Parlement sur l'Edit de verification d'vne Lettre de Maistrise de chacun corps de Mestier, par lequel la Cour en verifiant lesd. Lettres, auroit excepté les Orfévres, Chirurgiens, & Apotiquaires.

22. *May* 1555.

ORDONNANCE du mesme Roy, portant modification de son Edit du mois de Mars de ladite année, en ce qui concernoit le préjudice fait aux Orfévres, & par laquelle a esté accordé ausdits Marchands Orfévres de nouveaux Privileges en leur faveur, Registrez en la Cour des Monnoyes le 10. Mars 1546. & en la Cour le 18. Novembre 1572. à laquelle sont attachées des Lettres Patentes touchant l'exemption du Guet, & autres choses, conformément à l'Ordonnance de François I. du seize Aoust mil cinq cens quarante & vn.

26. *Avril* 1564.

ORDONNANCE du Roy Charles IX. donnée à Troyes, qui confirme les Ordonnances des Roys ses Predecesseurs, & porte que les Privileges accordez aux Marchands Orfévres leur seront conservez; avec divers autres Reglemens en leur faveur.

17. Mars 1568.

ORDONNANCE du mesme Roy donnée à Paris, portant Deffenses à toutes personnes de quelque qualité & condition qu'elles soient, autres que les Orfévres, d'acheter, vendre, ou trocquer aucune Vaisselle d'Or ou d'Argent, afin de prevenir les Vols & Recelez desdites Matieres d'Or & d'Argent.

26. Avril 1571.

LETTRES Patentes du mesme Roy données à Paris, portant confirmation des Ordonnances & Privileges accordez aux Marchands Orfévres, à la charge de ne fondre & forger Vaisselles d'Or ou d'Argent excedant le poids porté par ladite Ordonnance.

1. Septembre 1572.

AVTRES Lettres Patentes du mesme Roy données à Paris, qui confirme les Privileges accordez aux Marchands Orfévres, & fait Deffenses de les y troubler en quelque sorte & maniere que ce soit, avec la Lettre de Iussion au Parlement, enregistrée le 18. Novembre suivant.

15. Octobre 1572.

AVTRES Lettres du mesme Roy, portant permission aux Orfévres de faire toutes sortes de Vaisselles de tel Poids que bon leur semblera ; nonobstant son Ordonnance du 26. Avril 1571. & ce conformément aux Lettres Patentes du Roy Louis XII. avec la Verification au Parlement du 18. Novembre de la mesme année.

Octobre 1575.

LETTRES Patentes du Roy Henry III. données à Paris, avec la Verification au Parlement du dernier Decembre suivant, portant confirmation des Ordonnances des Roys ses Predecesseurs.

8. *Aoust* 1678.

LETTRES Patentes du mesme Roy, qui ordonnent que conformement aux Statuts & Ordonnances des Orfévres, nul ne pourra estre receu à la Maistrise sans faire Chef-d'œuvre, qui leur sera donné à faire par les Gardes, & sans estre obligez d'en avertir les Officiers de la Cour des Monnoyes ; avec Deffenses à l'advenir ausdits Officiers de connoistre desdits Chef-d'œuures : & en consequence desdites Lettres, l'Arrest par eux rendu le 18. Fevrier precedent, cassé.

9. Avril & 16. Iuillet 1580. Deux Arrests du Parlement au sujet des deux grains de remede, par le premier desquels il est ordonné que le Fermier creé par le Roy pour la recepte du droict, seroit assigné au Parlement, cependant sursis à la levée d'iceluy. Et par le second les Chambres Assemblées, a esté ordonné qu'en consequence des essays faits des ouvrages d'argent, & qu'il auroit esté recognu que ledit premier grain ne tournoit point au profit des Orfévres, mais pour la facilité de leur travail, la Cour n'auroit voulu entrer en la verification de l'Edit du mois de Sept. 1579. qui ordonnoit la perception dudit droict.

19. *Octobre* 1584.

LETTRES Patentes du mesme Roy données à Blois, Par lesquelles il est fait deffenses aux Orfévres de recevoir aucun Compagnon à la Maistrise, s'il n'a fait huit ans d'apprentissage, & servi les Maistres deux ans en qualité de Compagnon, avec les Lettres d'adresse au Parlement & Cour des Monnoyes, verifiées le Novembre suivant.

12. *Iuillet* 1585.

ORDONNANCE de la Cour du Parlement, contre Henry Regnard Compagnon Orfevre pretendu receu á la Maistrise par Lettres, qui deboutte ledit Regnard de sesdites Lettres, & ordonne qu'il fera huit ans d'Apprentissage & fera Chef d'œuvre, conformément aux Ordonnances.

3. *Février* 1588. & 13. *Septembre* 1594.

AVTRES Ordonnances du Parlement, contre le nommé Vinon Porteur de Lettres de Monsieur le Grand Prevost de l'Hostel du Roy, qui deboutte ledit Vinon de sesdites Lettres.

Avril 1594.

ORDONNANCE du Roy Henry IV. portant confirmation des Privileges des Roys Louis XII. François I. Henry II. Charles IX. & Henry III. verifiez en Parlement le 23. Iuillet suivant.

21. *Octobre* 1597.

LETTRES d'Adresse du mesme Roy au Parlement, sur le fait des Privileges accordez aux Marchands Orfévres, qui reïterent les Deffenses de recevoir aucun à la Maistrise par Lettres le Don.

May 1599.

ORDONNANCE du mesme Roy donnée à Fontaine-Bleau, touchant les Apprentifs, & autres Points concernans l'Orfévrerie, Registrée en Parlement le 5. Iuin, & en la Cour des Monnoyes le 20. Novembre de la susdite année.

24. *May*, 2. *Iuillet*, & 6. *Octobre* 1611.

Ordonnance du Parlement entre les Gardes de l'Orfévrerie, le Baillif Saint Germain des Prez, Louis Picar, & autres Compagnons Orfévres receus Maistres par Lettres, Par lequel auroit esté ordonné que les susdits Orfévres receus par Lettres seroient décheus de la Maistrise, & que dans huictaine ils se retireroient chez les Maistres, à faute de ce faire permis aux Gardes de les faire emprisonner.

Iuillet 1612.

ORDONNANCE du Roy Louis XIII. donnée à Paris, Portant Verification des Ordonnances des Roys ses Predecesseurs, & en laquelle il est expressement porté que de dix ans, à compter du jour & datte de ladite Ordonnance, il ne seroit fait aucun Apprentif Orfévre, jusques à ce que le nombre des Orfévres fust reduit à trois cens.

8. *Avril* 1621.

ARREST du Conseil Privé du Roy, contre Anthoine de Vaux receu par Lettre de Monsieur le Grand Prevost; Par lequel

5. Decembre 1614. Arrest du Conseil Privé du Roy, par lequel le nommé Roussel commis à la distribution des Lettres de Maistrises, en faveur de l'heureux advenement à la Couronne: La Lettre de Maistrise d'Affineur, Departeur d'or & d'argent, par luy venduë au nommé Desprez, a esté cassée, ledit Roussel condamné à rendre l'argent par luy receu en consequence, la Lettre rapportée, avec despens audit Desprez des'en aydet.

7. Octobre 1619. Arrest du Conseil Privé du Roy sur la Requeste dudit Roussel, à ce qu'attendu que l'Arrest du 5. Decembre rendu en faveur des Affineur, Essayeur Departeurs d'or & d'argent qui avoit esté donné par precipitation, contre le Reglement du Conseil des Finances, ledit Arrest seroit rapporté, & ledit Desprez receu à la Maistrise, par lequel sa Majesté, sans avoir esgard à ladite Requeste, avoit ordonné que le susdit Arrest du 5. Decembre 1614. seroit executé selon sa forme & teneur, ledit Roussel condamné aux despens moderez à cinquante livres.

Arrest est fait Deffenses audit de Vaux de se servir de sesdites Lettres, ny d'ouvrir Boutique d'Orfévre.

3. Mars 1634. & 23. Avril 1661.

ORDONNANCE de Monsieur le Prevost de Paris, qui fait Deffenses à tous Compagnons Orfévres, & autres, de travailler d'Orfévrerie en autres Lieux qu'en Boutiques ouvertes, à peine de prison: Et pareilles Deffenses à tous Prieurs, Principaux de Colleges, Bourciers, Administrateurs, & autres, de les retirer, sur peine de privation pour vn an de leur revenu Temporel.

10. Février & 7. Aoust 1671.

ORDONNANCE de Monsieur le Lieutenant General de Police, relative de l'Ordonnance de la Cour du Parlement du 2. Iuillet & 6. Octobre 1611. & dans laquelle Ordonnance sont inserés plusieurs nouveaux Reglemens pour l'observation des Ordonnances des Roys rendus en faveur des Marchands Orfévres: & Celle du sieur Lieutenant Civil, portant nouveaux Reglemens pour l'observation des Ordonnances.

POVR ne pas diuiser les Remarques qui concernent vn mesme fait, & les Priuileges accordez par les Roys sur le fait de l'Orféurerie, on a creu qu'on ne deuoit obmettre ce qui regarde les Orféures des Maisons Royalles, & notamment ceux des Galleries du Louvre.

PRIVILEGES accordez par les Roys Henry III. & Henry IV. en faveur des Orfévres de leurs Maisons, notamment en faveur des Particuliers logez aux Galleries du Louvre, & lesquels Privileges ont depuis esté confirmez par le Roy Louis XIII. de glorieuse Memoire, & par Nostre Invincible Monarque Louis XIV. en Mars 1671.

24. *Mars* 1594. *&* 21. *Octobre* 1597.

LETTRES Patentes du Roy Henry IV. en faveur des nommez Iosse Langerac, Paul de Lovigny & Pierre Beliart, pour estre receus Maistres Orfévres attendu leur merite.

22. *Decembre* 1608.

LETTRES Patentes du Roy Henry IV. qui portent qu'aprés cinq années de residence actuelle, & de travail continu en la Gallerie du Louvre, les Ouvriers qui y seront demeurans seront admis à la Maistrise, sans estre assujettis à faire Chef-d'œuvre, nonobstant mesme les Ordonnances & Privileges à ce contraires, qui dispensent les Orfévres de l'obligation de recevoir aucun à la Maistrise par Lettres, ou autrement, qu'il n'ayt fait Chef-d'œuvre, & fait huit ans d'Apprentissage. Ausquelles Lettres est annexé vn Extrait sommaire des Privileges accordez notamment aux Ouvriers, avec l'Arrest du Parlement du 6. Ianvier 1609. rendu la Grande Chambre, celles de la Tournelle & de l'Edit assemblées, qui en ordonne l'Enregistrement.

LETTRES Patentes de Louis XIII. & celles du Roy Louis XIV. à present Regnant du mois de Mars 1671. & les Arrests du Parlement & de la Cour des Monnoyes pour les Verifications & Enregistremens desdits Privileges, avec les Conclusions de Monsieur le Procureur General, & les Advis de Messieurs les Lieutenant General de Police & Procureur du Roy au Chastelet. Les Coppies desquels susdits Privileges & Arrests, deuëment collationnez, on a trouvé à propos de conserver au Bureau de ladite Orfévrerie; attendu l'obligation qu'on a eu de recevoir ceux qu'il a pleu au Roy de nommer à la Maistrise, & qui en consequence ont presté le serment en ladite Cour des Monnoyes.

PLusieurs Arrests Notables du Conseil d'Estat & Priué du Roy de la Cour de Parlement, Cour des Aydes, Cour des Monnoyes: Sentences du Chastelet de Paris, du Bailliage du Palais, & autres Iurisdictions, rendus en faveur des Marchands Orféures Ioüailliers, Contre plusieurs particuliers, notamment contre plusieurs Communautez, qui ont pretendu faire faire ou vendre des Ouvrages d'or ou d'argent, sans pour cela pretendre estre sujets aux visites des Gardes de l'Orféverie.

CONTRE les Marchands Merciers.

30. *Avril* 1488.

ARREST du Parlement sur les Conclusions de Monsieur le Procureur General, qui permet aux Gardes de l'Orfévrie faisant leurs visites, d'aller és Boutiques des Marchands Merciers quand bon leur semblera.

11. Ianvier 1544. Ordonnance du Parlement confirmatif de la Sentence de Monsieur le Prevost de Paris du Decembre 1518. & qui ordõne aux Merciers de souffrir la visite des Orféures, & les choses sur eux saisie declarez vallable, avec amande & despens.

Aoust 1547.

SENTENCE Contradictoire de Monsieur le Prevost de Paris, entre les Gardes de l'Orfevrie, & les nommez Colombe Compagnon Orféure & Lenfant Marchand Mercier, pour la contravention par eux commises aux Ordonnances, laquelle Sentence ordonne la confiscation des choses sur eux saisies, avec amende & dépens.

6. *Avril* 1570.

ARREST de la Cour des Monnoyes contre le nommé Meusnier & Bonenfant Marchands Merciers, au sujet de la saisie sur eux faite d'vn Lingot d'argent trouvé à neuf deniers vingt-deux grains, par lequel Arrest il est fait Deffences audits Bonenfant. Meusnier & autres Marchands Merciers de prendre en trocq, ny d'achepter aucuns Lingots d'argent sur peine de confiscation, & d'amande.

15. *Iuin* 1575.

ARREST de la Cour des Monnoyes, entre les Gardes de l'Orfévrie, Iean Rondot Marchand Mercier, & Martin la Grande, Compagnon Orfévre, par lequel il est fait Deffence audit Rondot de faire ny vendre aucune Vaisselle d'argent, ny de tenir Boutique d'Orféure, & encor ordonné que les choses saisies sur luy seront confisquées auec amende & despens.

3. Septembre 1583.

ARREST du Parlement contre Claude Lenfant Marchand Mercier, qui confirme la confiscation des Ouvrages sur luy saisies, auec amende & despens, & ordonne aux Gardes de l'Orfévrie de visiter les Marchands Merciers toutesfois & quantes qu'il leur plaira.

18. *Avril* 1598.

ARREST du Parlement, entre les Gardes de l'Orfévrie & le nommé Maillard Marchand Mercier, portant que les Ouvrages qu'il auoit fait faire par des Compagnons, seroient rompus, auec desences à luy d'en faire à l'advenir.

13. *May* 1602.

ARREST du Parlement, contre Pierre Boulonnet Marchand de Draps de Soyes, sur l'apel par luy interjtté de la Procedure criminelle contre luy faite de l'Ordonnance de la Cour des Monnoyes, par lequel lad. Cour en confirmant ladite procedure, à condamné iceluy Boulonnet à faire amende honorable, & a estre liuré au Capitaine des Galleres, pour auoir esté conuaincu d'auoir fait forger vn Poinçon particulier d'Orféure, & contrefait celuy de la marque public, Auquel Arrest est attaché vn Arrest de la Cour des Monnoyes du 17. Octobre 1618. contre vn autre particulier conuaincu d'vn semblable delit, & condemné à de pareilles peines.

2. *Mars* 1620.

ARREST du Parlement contre Louis de Beaufort Marchand Mercier, les Gardes de l'Orpheuerie, & les Gardes de la Mercerie joints au procez, qui condamne ledit Beaufort à souffrir les visites des Gardes de l'Orféuerie, & sans auoir égard à l'empeschement formé par lesdits Gardes de la Mercerie sur le fait de la saisie, ordonne que des Ouurages saisis, l'essay en seroit fait en la Cour des Monnoyes.

30. *Mars* 1620.

AVTRE Arrest de ladite Cour rendu en execution dudit Arrest du Parlement contre ledit Beaufort, au sujet des Essays faits des Medalles, Croix, Images d'argent pesant *6.* à *7.* Marcs trouuez à 8.

deniers 21. grains 9. deniers 3. grains 9. deniers 4. grains 9 deniers 21. grains, 9. deniers 21. & 23. grains 10. deniers 19. grains jusques à 21. par lequel Arrest en consequence de l'interrogatoire dudit de Beaufort, les susdites Ouurages auroient esté confisquez auec amande & dépens.

7. *Aoust* 1634.

ARREST de la Cour des Monnoyes sur le Procès Verbal de saisie fait par les Conseillers de ladite Cour, poursuitte & dilligence des Maistre, & Gardes de l'Orféuerie, contre Antoine Bonnenfant l'vn des vingt-quatre Priuilegiez de la Marchandise de Mercerie suiuant la Cour, Georges Ioachim de Troye, & autres Compagnons Orféure trauaillans d'Orfévrie chez vn Menuisier en Ebeine au Village de Villiers sous saint Leu, par lequel Arrest est ordonné que les Ouurages d'Orféuerie trouuez audit Village de Villiers, ensemble les Outils & Vstancilles d'Orféuerie seroient confisquez au profit du Roy, les Forges & Fourneaux démolis: Bonenfant condamné a trois cens liures d'amende, & chacun desdits Compagnons en vingt cinq liu. auec deffences audit Bonenfant de faire trauailler en Ouurages d'Orféuerie autres que les Maistres Orféures, & ausdits Compagnons de trauailler aillieurs qu'en Boutiques & maisons des Maistres, conformement aux Ordonnances.

26. *Aoust* 1634.

ARREST contradictoire du Parlement de Paris contre plusieurs Marchands Merciers de la Ville de Sens, pour des Ouurages d'Orféuerie sur eux saisies, les Gardes de l'Orféuerie de Paris, les Gardes de la Mercerie, & autres particuliers Merciers joints au Procés, par lequel Arrest, sans auoir égard à la Requeste des Gardes de la Mercerie, il est fait deffences ausdits particuliers Merciers, & à tous autres de quelque qualité & condition qu'ils soient, fors excepté les Orféures de ladite Ville de Sens, de vendre ny achepter aucuns Ouurages d'or ny d'argent, & encore pareille deffences aux Gardes de la Mercerie de faire aucune visite chez les Orféures.

3. *Auril* 1637. *&* 3. *Féurier* 1638.

ARREST de la Cour des Monnoyes, sur les Procez verbaux de Visite d'aucuns des Conseillers, és Boutiques des nommez Hindret & consorts, Marchands Merciers, au suiet de la saisie de deux Gardes d'Epées & autres Ouurages d'argent qui n'estoient marquez ny contre marquez d'aucun poinçon, par lequel premier Arrest, ladite Cour auroit ordonné, que les Gardes de l'Orféuerie auroient communiquation de ladite saisié, ensemble des Essays & contre-Essays desdits Ouurages, & par le 2. attendu la deffectuosité du tiltre, auroit condamné ledit Hindret & le nommé Regnier Fondeur en l'amende & aux dépens, auec confiscation desdites Gardes & autres ouvrages d'argent.

13. *Octobre* 1637.

SENTENCE contradictoire de Monsieur le Preuost de Paris, contre Michel Groust Marchand Mercier & sa femme, sur la violence & la rebellion faite aux Gardes de l'Orféverie faisant leur Visite, portant Acte de la soûmission par eux faite ausdits Maistres & Gardes de l'Orféuerie, & iniontion à l'aduenir de leur porter honneur & respect.

29. *Iuillet* 1645.

SENTENCE contradictoire de Monsieur le Prevost de Paris, contre Louis Bellauoine Marchand Mercier, par laquelle il est fait deffences audit Bellauoine, de faire faire ancuns Ouurages d'Orféuerie par des Compagnons Orféyres, & les choses sur luy saisies confisquez.

10. *Février*. 1646.

AVTRE Sentence contradictoire de Monsieur le Provost de Paris, contre Yues de Laon Marchand Mercier, qui ordonne qu'vne Chaisne de Pierres fausses saisie sur luy, sera par les Gardes de l'Orféurie, rompuë & brisée, auec deffences à luy de plus vendre de semblables Marchandises, sur peine de punition exemplaire.

21. *Avril* 1646.

AVTRE Sentence de Monsieur le Prevost de Paris, contre plusieurs particuliers Merciers, Fondeurs & Doreurs sur Cuivre, au sujet de la saisie faite par les Gardes de l'Orféverie, de plusieurs ouvrages, cuivre & argent. Par laquelle Sentence les ouvrages saisis sur lesdits particuliers, ont esté declarez confisquez, & chacun d'eux condamnez en l'amende & aux despens.

4. *Decembre* 1646.

AVTRE Sentence contradictoire de Monsieur le Prevost de

Paris, contre Estienne l'Enfant Marchand Mercier, portant deffences audit l'Enfant de faire trauailler aucun Compagnon Orfévre en ouvrage d'Orfévrie, sur peine de confiscation ; Et pour la contravention par luy faite aux Ordonnances, condamné en l'amende & aux despens.

1. Aoust 1650.

AVTRE Sentence de Monsieur le Prevost de Paris, contre le nommé Turin Marchand Mercier, qui ordonne que les Sentences renduë contre Pierre Erouard, & autres Merciers sur le fait des visites, seront & demeuront commune auec ledit Turin, ce faisant qu'iceluy Turin souffrira la visite des Maistres & Gardes de l'Orféverie, tant à Paris qu'en sa Loge de la Foire saint Denis, conformement aux Ordonnances, auec deffences aux Officiers de ladite Ville de saint Denis, & à tous autres leur faire aucun trouble en leur visite, & injonction ausdits Officiers de Remettre entre les mains desdits Maistres & Gardes les medailles d'or dont il estoit question, pour en estre par eux fait essay en la maniere accoustumée.

12. Decembre 1651.

AVTRE Sentence contradictoire de Monsieur le Prevost de Paris, contre Estienne Ballart Marchand Mercier, au sujet des ouvrages d'Orfeverie sur luy saisies, qui n'estoient marquez d'aucun poinçon, qui condamne iceluy Ballart en l'amande & aux despens.

3. Iuin 1657.

ARREST de la Cour des Monnoyes, contre les nommez la Fresnaye, Courty & Nazard, Marchand Merciers, qui ordonne que les Ouvrages d'or, d'argent & cuivre meslées ensemble & sur eux saisies en la Foire S. Germain, & qu'à l'ègard de l'argent l'essay en seroit fait en la maniere accoustumé, & le surplus seroit portè au Greffe de ladite Cour, auec deffences ausdits Marchands Merciers de vendre aucuns Ouvrages, moitié Cuivre & moitiè Argent, à peine de confiscation, & pour la contravention par eux faite aux Ordonnances, condamnez en l'amende & aux dépens.

31. *Decembre 1667.*

ARREST de la Cour des Monnoyes, contre le nommé Beaumont Marchand Mercier, par lequel la saisie sur luy faite par les Gardes de l'Orféverie de plusieurs Ouvrages d'argent est declarée valable, les choses saisies confisquées, & ledit Beaumont condamné en l'amende & aux despens.

21. *Decembre 1667.*

ARREST de la Cour des Monnoyes, contre le nommé Perignon, aussi Marchand Mercier, sur le renvoy de l'Arrest du Conseil Privé du Roy au sujet de fausses marques appliquées sur des ouvrages d'Orfevrerie, qu'il auoit fait faire par des Compagnons Orfevres, renfermez dans l'enclos de S. Iean de Latran, par lequel Arrest ledit Perignon a esté condamné au banissement, & autres peines mentionnées en l'Arrest.

29. *Decembre 1668.*

AVTRE Arrest de la Cour des Monnoyes, contre les nommez Parquet & Lamy Marchands Merciers, les Gardes de l'Orfeurie & les Garde de la Mercerie joints au procez, qui declare la saisie faite de plusieurs Ouvrages d'argent, par les Aydes des Gardes de l'Orféurerie, bonne & vallable, les choses saisies sur lesdits Parquet & Lamy confisquées auec amende & dépens.

16. *Ianvier 1671.*

SENTENCE contradictoire de Monsieur le Lieutenant General de Police, contre le nommé Deshayes Marchand Mercier, & Florat Compagnon Orféure, les Gardes l'Orfevrerie prenans le fait & cause pour leurs Aydes, & les Gardes de la Mercerie, parties joints au Procez, par laquellle Sentence, sans auoir égard aux rémontrances desdits Gardes de la Mercerie, la saisie faite sur ledit Deshayes par lesdits Aydes des Gardes de l'Orphévrerie, à esté declarée bonne & vallable, les choses saisies confisquées; & lesdits Deshayes Marchand Mercier, & Florat Compagnon Orfévre condamnez chacun en l'amende & aux despens.

Il y a eu diverses autres condamnations rendus contre les Marchands Merciers, pour de semblables contraventions.

CONTRE LES LAPIDAIRES.

18. Novembre 1387.

ORDONNANCE de Monsieur le Prevost de Paris, au sujet des Pierres falcifiées & faites par aucuns Lapidaires, laquelle sert de Reglement, & fait deffences ausdits Lapidaires, & autres de faire aucunes Pierreries falcifiées, & Ordonné qu'à l'égard de celles qui se trouveroient faites ou qui se pourroient faire seront mises és mains des Gardes de l'Orfevrie, pour estre rompus, & par eux ordonné que de raison.

5. Iuillet 1605.

SENTENCE contradictoire de Monsieur le Prevost de Paris, sur l'opposition des Lapidaires, à ce qu'il fut fait deffences aux Orféures d'auoir des Moulins dans leurs Boutiques pour tailler des Pierres, par laquelle Sentence lesdits Lapidaires ont esté deboutez de leur opposition, & permis aux Orféures d'auoir des Moulins en leur Boutiques, pour tailler toutes sortes de Pierres fines, sans en estre empeschez par les Lapidaires.

16. Decembre 1614.

ARREST du Conseil d'Estat du Roy, entre les Gardes de l'Orféurie & les Iurez Lapidaires, sur les differents d'entre les parties, & sur le fait de leurs fonctions; auquel est adjousté vn Procez verbal de Monsieur de Mesme, lors Lieutenant Ciuil du quatriéme Septembre 1614. portant acte de la Declaration des Lapidaires, comme ils n'entendoient point mettre aucunes Pierres en œuvres, & n'auoient autre desir que de travailler à tailler leurs Pierres (qu'ils demandoient pouvoir vendre en œuvres,) pourveu qu'à les y mettre ils y employassent vn Orfévre ; auquel Arrest est attaché la Sentence contradictoire de Monsieur le Prevost de Paris, du 18. Iuin de ladite année 1614. qui fait deffences aux Lapidaires de vendre aucunes Perreries mises en œuvres.

5. Iuillet 1615.

ARREST du Parlement sur l'appel interjetté par les Lapidaires, de la Sentence de Monsieur le Prevost de Paris du vingt-cinquiéme Aoust 1612. qui fait deffences ausdits Lapidaires de Tailler ny de vendre des Pierres falcifiées, à peine d'amende, par lequel Arrest l'appellation a esté mise au neant, auec amende & despens.

Du 19. Mars 1630.

ARREST Contradictoire de la Cour des Monnoyes, Entre les Gardes de l'Orfeverie de Paris & Daniel Baudry Lapidaire de la Ville de Roüen, par lequel il est fait Deffences audit Baudry de vendre aucune Marchandises & ouvrages d'Orféverie, faites sur les peines portées par les Ordonnances.

6. Septembre 1631.

ARREST Contradictoire du Parlement, seruant d'Ordonnance & Reglement, Entre les Gardes de l'Orfevrie & les Iurez Lapidaires, par lequel la Cour, pour terminer tous les differends d'entre les Orfevres & les Lapidaires, & pour les Regler sur leurs pretentions respectiues, auroit ordonné, qu'à l'égard des Orfevres ils n'auroient plus de Moulins en leurs Boutiques pour tailler les Pierres, nonobstant la Sentence contradictoire du Prevost de Paris, du quinziesme Iuillet 1605. qui leur permettoit d'en tailler, ains les laisseroient tailler aux Lapidaires, qui en consequence ne pourroient vendre aucunes Pierreries mises en œuvres, ny en mettre en œuvre, mais vendroient seulement les Pierres Brutes ou taillée nuës & sans estre en œuvre.

auquel Arrest sont attachées les deffenses d'iceux Lapidaires du quinziéme Iuillet 1631. par lesquels ils reïterent qu'ils n'entendent mettre aucunes Pierres en œuvres, mais les donner aux Orfévres, ainsi qu'ils avoient declaré par le Procez verbal de Monsieur de Mesme en l'année 1614.

22. *Septembre* 1665.

SENTENCE contradictoire du Baillif de Saint Germain des Prez, entre les Gardes de l'Orféverie, & le nommé Iean Boudin Maistre Lapidaire, sur le Procez verbal de saisie faite par lesdits Gardes, de plusieurs Croix & Cachets, & autres Ouvrages d'Or, mesme plusieurs Ovurages d'Argent non marquez ny contremarquez, par laquelle Sentence il a esté ordonné que lesdits Ouvrages seront fondus, les matieres d'Or & d'Argent venduës par lesdits Gardes, avec deffenses ausdits Boudin, & autres Lapidaires de plus entreprendre sur l'art & fonction d'Orfévre.

13. *Février* 1671.

ARREST du Conseil Privé du Roy, entre les Gardes de l'Orfévrerie, & les Iurez Lapidaires, sur l'opposition formée par lesdits Gardes à l'Execution de l'Arrest du Conseil Privé du Roy, du 15. Iuillet 1670. rendu sans les avoir ouys ny appellez, par lequel Arrest, sa Majesté s'est reservée la connoissance des differens d'entre les parties; & cependant, attendu l'inconvenient qu'il y avoit de laisser lesdits Lapidaires en la possession de travailler d'Orfévrerie, auroit surcis l'execution dudit Arrest du quinziéme Iuillet 1670. auquel Arrest sont attachez les Procez verbaux faits en la Cour des Monnoyes, & par devant Monsieur le Lieutenant General de Police, contre le nommé Boissiere Compagnon Orfévre, au sujet de l'Or en Lingot, & autres Ouvrages d'Orfévrerie trouvez en ses mains.

Ces pieces servent à faire voir que les Lapidaires n'exercent point leur mestier, qu'ils ne s'employent à present qu'au maniment & commerce de l'Or & de l'Argent, au préjudice des Ordonnances qui veulent qu'vn chacun exerce sa profession, sans rien entreprendre au delà.

CONTRE LES FOVRBISSEVRS.

3. Avril 1637.

ARREST de la Cour des Monnoyes, contre Iacques Regnier, & André Cointel, Maistres Fourbisseurs, au sujet des Gardes d'Epées par eux venduës au nommez Hindret, & autres Merciers; par lequel, pour la defectuosité du titre, & pour les avoir venduës sans estre marquées ny contremarquées, il a esté ordonné que lesdites Gardes d'Epées demeureroient au Greffe de la Cour, & que les Gardes de l'Orfévrerie auroient communication de ladite saisie, pour s'en servir & valloir ainsi qu'ils adviseroient bon estre.

3. Févriér 1638.

ARREST de la Cour des Monnoyes, contre lesdits Regnier & Cointel Maistres Fourbisseurs, sur le Procez verbal de visite des Conseillers d'icelle, par lequel Arrest les Ouvrages d'Orphévrerie, & entr'autres les Gardes d'Epées & bouts de Foureaux d'argent saisis sur lesdits Regnier & Cointel, ont esté declarées acquises & confisques sur ledit Regnier; & ordonné qu'elles seroient difformées & rompuës, puis converties en especes au profit du Receveur general des Amendes, ledit Regnier condamné en l'amende, & en tous les dépens du Procez.

21. Auril 1665.

SENTENCE de Monsieur le Lieutenant Civil, sur vn Procez verbal de saisie fait par Courtois Huissier au Chastelet de Paris, en la maison du nommé Philbert Tiercelet Doreur sur

Cuivre, & Iean Gallemand Fourbisseur, de plusieurs Boucles de Baudriers d'argent, qu'il disoit appartenir au nommé de la Roche, & autres Maistres Fourbisseurs; par laquelle Sentence lesdits de la Roche, & autres, ont esté condamnez en l'amende & aux dépens, & les choses saisies sur eux confisquées.

8. *Mars* 1670.

ARREST de la Cour des Monnoyes, contre le nommé Noel, Fourbisseur, qui declare la saisie sur luy faite de deux Gardes d'Epées, & autres choses, bonne & valable, avec condamnation d'amende & dépens.

13. *Decembre* 1670.

AVTRE Arrest de la Cour des Monnoyes, contre Iacques Guyon Maistre Fourbisseur, qui declare la saisie faite par les Gardes de l'Orphévrerie de deux Gardes d'Epées, bonne & valable, & la confiscation d'icelles encouruë sur ledit Guyon; auquel Arrest sont attachez divers Procez verbaux de saisie sur autres Particuliers Fourbisseurs, qui n'ont esté poursuivis, attendu que les parties saisies ont fait reclamer les Ouvrages par des Personnes de tres-grande qualité qui ont pretendu que le tout leur appartenoit, & qui ont obligé lesdits Maistres & Gardes de l'Orfévrerie à les rendre.

CONTRE LES HORLOGEURS.

15. *May 1627.*

ARREST du Parlement qui deffend entr'autres choses aux Horlogeurs de faire faire leurs Boistes & Monstres par des Compagnons Orféyres, à peine d'amende & de priuation de leurs Maistrises.

2. *Septembre 1665.*

ARREST du Conseil Privé du Roy, contre le nommé Nicolas Griblin Maistre Horloger, qui ordonne que les Ouvrages d'Or saisis par les Gardes de l'Orféyrerie sur le nommé Pierre Bains Compagnon Orféyre, travaillant en chambre sous ledit Griblin, demeureront entre les mains desdits Gardes de l'Orféyrerie, nonobstant l'empeschement formé par les Iurez Horlogeurs, & que l'essay d'iceux en sera fait en la maniere accoutumée.

16. *Iuin 1671.*

SENTENCE contradictoire de Monsieur le Lieutenant General de Police, contre le nommé Beauvais, par laquelle il luy est fait deffenses, & à tous autres Horlogeurs, de faire travailler pour les ornemens des Boistes autres que les Maistres Orféyres.

11. *Septembre 1671.*

ARREST du Conseil Privé du Roy, par lequel sa Majesté auroit entr'autres choses, ordonné que les Horlogeurs ne se pourroient servir d'autres que des Compagnons Horlogeurs pour la fabrique de leurs Monstres & Boistes, sur les peines portées par l'Arrest du 15. May 1627. & à iceux Maistres & Compagnons Horlogeurs de travailler qu'en boutique ouverte, & en lieux publics & apparens, à peine contre lesdits Compagnons de prison, & contre lesdits Maistres d'estre décheus de la Maistrise, & qu'en cas de contravention au susdit Arrest, il y seroit pourveu par Monsieur le Lieutenant de Police, en prenant instance par appel en la Cour de Parlement.

CONTRE LES GRAVEURS.

17. *Octobre* 1618.

ARREST de la Cour des Monnoyes, par lequel appert qu'vn Graveur ayant sa Boutique en la Cour du Palais, a gravé le poinçon de la marque publique des Orfévres, & celuy de la marque particuliere d'un Maistre Orfévre, sur l'impression d'vne cire à luy portée,

22. *Mars* 1665.

ARREST de la Cour de Parlement entre les Marchands Orfévres & les Graveurs, sur plusieurs differents d'entre eux.

5. *Février* 1669.

ARREST du Conseil Privé du Roy, entre le nommé de Lan Maistre Orfévre, les Iurez Graveurs, & les Gardes de l'Orfévrerie, par lequel les procedures faites par lesdits Graveurs contre ledit de Lan en la Cour des Monnoyes, ont esté cassées, & les parties renvoyées par devant Monsieur le Lieutenant General de Police, pour statuer sur la saisie iniurieusement faite par lesdits Iurez Graveurs sur ledit de Lan.

4. *Novembre* 1670.

SENTENCE de Monsieur le Lieutenant General de Police, en execution des Arrests de Renvoy du Conseil du 5 Février 1669. par laquelle, parties oüies, & sur les Conclusions de Messieurs les Gens du Roy; la saisie faite par lesdits Graveurs sur ledit de Lan, a esté decluée injurieuse; & ordonné que les choses saisies seront renduës, avec deffenses ausdits Graveurs de plus faire pareille saisie, les Marchands Orfévres maintenus & gardez en la possession de graver toutes sortes d'Ouvrages concernans leur Art. Auxquels Arrest & Sentence sont attachez divers Procez verbaux de saisies faites sur lesdits Graveurs au sujet des contraventions par eux commises, comme aussi divers jugemens rendus entre les Marchands Orfévres & les Graveurs, pour s'en servir en cas de besoin.

CONTRE LES FONDEVRS en Cuivre, & autres.

Du Septembre 1592.

ARREST de la Cour des Monnoyes, par lequel le nommé Vanier Maistre Fondeur a esté condamné en l'amende & aux dépens, pour avoir contrevenu aux Ordonnances concernant l'Orfévrerie.

26. Mars 1595.

SENTENCE contradictoire de Monsieur le Prevost de Paris, qui permet aux Orfévres de moûler & fondre toutes sortes d'Ouvrages en Cuivre & Laton, & fait main levée des Ouvrages de Laton saisis par les Iurez Fondeurs sur Pierre Ariol, & autres Maistres Orfévres, avec deffenses à eux de plus faire à l'avenir de telles saisies sur les Orféures.

Du dernier May 1636.

AVTRE Sentence de Monsieur le Prevost de Paris, qui ordonne que vne Gondolle & autres Ouvrages d'Argent deffectueux du titre trouvez par les Maistres & Gardes en la maison dudit Vanier Fondeur, seront portez en leur Bureau, pour en estre fait vn essay, & estre ensuite ordonné ce que de raison, & en a du depuis esté ordonné la confiscation, avec amende,

13. *Décembre 1676.*

ARREST de la Cour des Monnoyes, contre les nommez Charles Heu & Guyon, sur la defectuosité du titre des Ouvrages moûlez en argent saisis sur eux, par lequel Arrest, entr'autres choses, a esté fait deffenses aux Fondeurs de fondre aucunes matieres d'Or ou d'Argent, qu'elles ne fussent en lingot marqué du Poinçon de l'Orfévre, Affineur, ou autre qui les auroit venduës, & laquelle marque ils seroient tenus conserver pendant six mois, pour estre par eux representée en cas de saisie des Ouvrages provenus des Fontes qu'ils auroient faites, & ont esté lesdits Ouvrages saisis declarez confisquez avec amende.

5. *May 1671.*

SENTENCE de Monsieur le Lieutenant General de Police, contre le nommé Touraille, Fondeur, travaillant en lieux secrets pretendus privilegiez, & le nommé Choquet Menuisier en Ebeine, Par laquelle Sentence la saisie faite sur ledit Choquet d'Ouvrage fondu en argent par iceluy Touraille a esté declarée bonne & valable, & les choses saisies confisquées, avec deffenses audit Choquet d'employer aucuns Ouvrages d'Argent, sur peine de punition; & audit Touraille & à tous autres Fondeurs, de fondre aucunes matieres d'Or & d'Argent; à luy enjoint d'abattre & démolir sa forge, & de se retirer incessamment chez les Maistres, à peine de prison, & pour la contravention par luy commise condamné en l'amende & aux dépens.

CONTRE LES COMPAGNONS Orfévres & Apprentifs.

12. *Juillet* 1585.

ARREST du Parlement, contre Henry Regnard Compagnon Orfévre pretendu, receu par lettres en la Maistrise, qui a débouté ledit Regnard de sesdites Lettres.

3. *Février* 1588. 13. *Septembre* 1594.

AVTRES Arrests du Parlement, contre le nommé Vimon porteur de lettres de Monsieur le Grand Prevost de l'Hostel du Roy, & depuis soy disant Orfévre suivant la Cour, qui ont debouté ledit Vimon de ses Lettres des 10. Février 1588. & 13. Septembre 1594.

3. *Iuin* 1600.

ARREST de la Cour des Monnoyes sur le requisitoire de Monsieur le Procureur General en ladite Cour, qui enjoint aux Compagnons Orfévres & Apprentifs d'observer les Statuts & Ordonnances de l'Orfévrerie, & d'acheuer le temps de leur apprentissage, conformément aux Ordonnances.

24. *Mars* 1611.

ARREST du Parlement, entre les Gardes de l'Orfévrerie, appellans de la Sentence du Baillif de Saint Germain Desprez, du 14. Novembre 1609. & Loüis Picart, & autres au nombre de six, se disans receus en la Maistrise du Faux-bourg Saint Germain, les Religieux de l Abbaye parties intervenantes; par lequel

lequel Arrest, la Cour sans avoir égard à l'intervention desdits Religieux, ny aux lettres obtenuës par lesdits Orfévres, ny à sa Sentence du Baillif de Saint Germain, a Ordonné que les susdits Orféures receus Maistres audit Faux-bourg seroient & demeureroient décheus de la Maistrise, & que les Statuts & Reglemens sur le fait de l'Orfévrerie seroient executées selon leur forme & teneur, & Pour l'execution desdits Arrests permis aux Gardes de l'Orfévrerie de se servir de tels Officiers qu'il leur plairoit, Autres que ceux dudit Faux-bourg.

2. *Iuillet & 6. Octobre* 1611.

ARRESTS du Parlement rendus en execution de celuy du 24. Mars contre ledit Picart & autres Orfévres travaillans au Faux-bourg S. Germain, par l'vn desquels est ordonné que dans huitaine du jour de la prononciation dudit Arrest lesdits Orfévres seront tenus abatre & démolir leurs forges, & se retirer chez les Maistres; & à faute de ce faire permis aux Gardes de les faire démolir & de proceder par voye de saisie sur les vstanciles d'Orfévrerie, sans pour cela demander aucune permission aux Iuges de Saint Germain des Prez; Deffenses aux Compagnons de travailler d'Orfévrerie tant au Faux-bourg Saint Germain, qu'autres lieux, à peine d'amende, & Contre les Proprietaires de perte de leurs loyers pour vn an: Et par l'autre Arrest est fait Deffenses audit Baillif de Saint Germain d'empescher l'execution dudit Arrest.

8. *Auril* 1621.

ARREST du Conseil Privé du Roy, contre Anthoine de Vaux receu Maistre Orfévre par letre de Monsieur le Grand Preuost, & lequel Arrest fait deffenses audit de Vaux de se servir de sesdites lettres, ny d'ouvrir boutique d'Orfévre.

7. *Septembre* 1630.

ARREST du Parlement sur les conclusions de Monsieur le Procureur General, par lequel la Cour auroit ordonné que les Statuts & Ordonnances, concernant l'Orfévrerie, seroient obser-

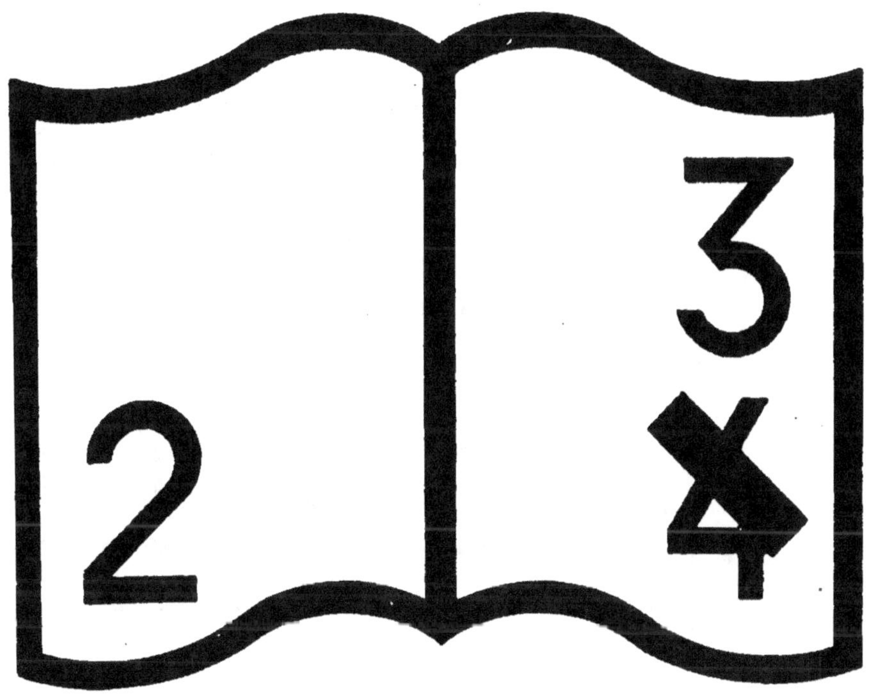

2
3
4

vez de point en point, notamment à l'égard des Compagnons Orfévres, pour obvier aux malversations par eux commises.

30. *Iuin* 1632.

ARREST du Conseil Privé du Roy sur la Requeste des Gardes de l'Orfévrerie, à ce qu'il n'y eust plus d'apprentifs, jusques à ce que le nombre des Maistres Orfévres fust reduit à trois cens: Par lequel Arrest sa Majesté auroit renvoyé ladite Requeste par devant Monsieur le Prevost de Paris pour y faire droit.

SENTENCE de Monsieur le Prevost de Paris en consequence dudit renvoy, qui deffend à tous Orfévres de faire aucuns Apprentifs jusques à ce que la Communauté fust reduite au nombre de trois cens.

3. *Decembre* 1633.

AVTRE Sentence de Monsieur le Prevost de Paris, par laquelle tous les brevets d'apprentissages faits en qualité de serviteurs domestiques d'vn Maistre Orfévre, pour favoriser ledit apprentissage (que d'aucuns Orfévres auroient reduits à six, cinq, quatre, trois, deux, & jusques à vn) demeureroient nuls, Deffenses ausdits Apprentifs de s'en ayder, & aux Gardes de l'Orfévrerie de les recevoir à la Maistrise, conformément aux Ordonnances.

3. *Mars* 1634.

ORDONNANCE de Monsieur le Prevost de Paris, par laquelle il est fait deffenses à tous Compagnons Orfévres, & autres, de travailler d'Orfévrerie en autres lieux qu'en boutique ouverte en la maison des Maistres, à peine de prison: Et encor pareillement deffenses à tous Prieurs, Principaux de Colleges, Bourciers, Administrateurs, & autres, demeurans en des lieux semblables, de les retirer sur peine de cinq cens livres d'amende pour la premiere fois; & pour la seconde, de privation pour vn an de leur revenu temporel.

11. *Ianuier* 1661.

ARREST du Parlement Entre Pierre de Rosnel, Cesar Haudry, Estienne Pierre, & Mathieu Lesgu Aydes des Gardes de l'Orfévrerie de Paris, les Nommez Tridon Huissier, & Hebert Clerc de la Communauté Appellans de l'Ordonnance de Monsieur le Lieutenant Criminel, & de ce qui s'en estoit ensuivy; & Magdeleine Desniau Veuve Pierre Baslin Marchand Orfévre, Iean Pougeau Compagnon Orfévre, intimez, Les Gardes de l'Orfévrerie parties intervenantes; Par lequel Arrest ledit de Rosnel, & autres, auroient esté declarez absous de l'accusation à eux faite, l'emprisonnement declaré injurieux, l'escroüé rayé & bissé, ladite Veuve Baslin & Pougeau condamnez rendre la provision de cent livres par eux receuë, Et aux dommages & interests soufferts par ledit de Rosnel, & en tous les dépens; Et porte encor ledit Arrest que les Ordonnances concernans les Statuts de l'Orfévrerie seront executez selon leur forme & teneur.

23. *Avril* 1661.

ORDONNANCE de Monsieur le Prevost de Paris relative à celle du trois Mars 1634. & qui en consequence fait deffenses aux Compagnons Orfévres de travailler en des lieux de pretendus privileges, & qui permet aux Gardes de faire emprisonner ceux qui y seront trouvez travaillans d'Orfeurerie, & autres peines portées par ladite Ordonnance.

10. *Féurier* 1671.

AVTRE Ordonnance de Monsieur le Lieutenant General de Police, portant que les Apprentifs seront tenus de servir les Maistres chez lesquels ils auront esté obligez, & de ne travailler en autres boutiques, à peine de nullitez des brevets: & qu'arrivant le deceds d'vn Maistre qui aura vn apprentif, ledit apprentif sera tenu de rapporter son brevet d'apprentissage entre les mains des Maistres & Gardes, pour luy estre pourveu d'vn autre Maistre.

7. Aoust 1671.

AVTRE Ordonnance de Monsieur le Lieutenant General de Police, par laquelle, en execution des Statuts & Ordonnances de l'Orfévrerie, & des Priuileges accordez aux Marchands Orfévres, & Interpretant les Arrests du Conseil & de la Cour de Parlement, notamment l'Arrest du sept Iuillet 1611. & les Ordonnances precedemment renduës par Monsieur le Lieutenant Civil les 18. Févrièr 1634. & 23. Avril 1661. Il a esté enjoint à tous Orfévres & Veuues de Maistres de tenir boutiques ouvertes. A tous Compagnons qui sont en chambre, demeurans dans les Colleges, Prieurez, & autres lieux de franchises, de se retirer és maisons & boutiques des Maistres pour y travailler, conformément aux Ordonnances, à peine de punition exemplaire. Aux Maistres de leur donner à travailler sur peine d'estre décheus de la Maistrise ; & fait deffenses à tous Principaux de Colleges, Prieurs, & autres pretendans avoir droit de Privilege, de retirer chez eux ny loüer à l'advenir aucunes chambres & lieux ausdits Compagnons & Maistres Orfevres. A eux enjoint de faire vuider dans le temps de quinzaine du iour de la publication de ladite Ordonnance, ceux qui sont demeurans dans leurs Colleges ou Prieurez, à peine de cinq cens livres d'amende pour la premiere fois, & de privation d'vne année de leur revenu temporel pour la seconde. Comme aussi a esté fait deffenses à tous Compagnons Orfévres de travailler pour leur compte, D'entreprendre ou livrer aucuns Ouvrages d'Orfévrerie, Acheter ou vendre aucune matiere d'Or ou d'Argent, Pierreries & Perles, quoyque sous le nom de Maistres ou Veuves où ils pourroient demeurer : & a encor ordonné que les Veuves desdits Maistres seroient tenuës marquer elles mesmes de leur poinçon (qui auroit esté renouvelé depuis leur veuvage) Tous les Ouvrages qu'elles sont obligez d'envoyer à la marque, sans les laisser és mains desdits Compagnons, ny leur permettre d'entreprendre ou livrer aucunes Marchandises, vendre ou acheter des Matieres d'Or & d'Argent, Pierreries & Perles, à peine de privation de leurdit poinçon, qu'elles seront tenuës en cas qu'elles ne s'en veulent plus servir de remettre entre les mains des Maistres Gardes.

28. *Septembre 1671.*

ARREST du Conseil Privé du Roy, sur la Requeste de essire Iacques de Conigny Commandeur de Saint Iean de trart, opposant à l'execution de l'Ordonnance de Monsieur le eutenant General de Police, tant au sujet de ses pretendus ivileges, qu'en consequence de l'instance pendante au Conseil ivé du Roy, entre Monsieur de Souvré grand Prieur de France, les Gardes de l'Orsévrerie de Paris, au nom duquel ledit ur Commandeur auroit dit vouloir reprendre; l'instance Par quel Arrest sa Majesté auroit donné acte audit sieur Comman- ur de la reprise de l'instance pendante au Conseil, & ordonné 'il y seroit procedé entre les parties, suivant les derniers er- mens, Et sans préjudice neanmoins de l'execution de l'Ordon- nce de Monsieur le Lieutenant General de Police.

A cet Arrest sont attachez les copies des Titres & Privileges pre- ndus accordez à l'Ordre Saint Iean de Hierusalem, Ensemble la equeste de Messire Henry d'Estampe Grand Prieur de France esentée au Conseil d'Estat du Roy, & la Requeste des Gardes l'Orfévrerie servant de réponses, qui font voir que les Privi- ges pretendus par Monsieur le Grand Prieur ont esté annulez à l'égard des Orfévres) par les Roys mesmes qui les avoient oncedez audit Ordre.

Du 1671.

ORDONNANCE de Monsieur le Lieutenant General de olice, sur la plainte à luy faite de ce que plusieurs Compagnons rfévres sortis des lieux de pretendus Privileges au sujet de son rdonnance du sept Septembre mil six cens soixante & onze, estoient retirez chez des Lapidaires pour continuer à travailler Orfévrerie, Mesme de ce qu'aucuns desdits Compagnons Or- vres pour avoir la liberté & impunité de fondre des matieres Or & d'Argent avoient des boutiques ouvertes, des Forges & ourneaux, & s'estoiét fait recevoir Maistres Lapidaires, Par laquel- Ordonnance, avant faire droit, il a esté ordonné que les Iurez dit Mestier de Lapidaires feroient apparoir du registre de la reception de leurs Maistres, notamment ceux receus depu l'Arrest du Conseil rendu entre les Marchands Orfévres & lesdi Lapidaires du mois de Ianvier 1671. à laquelle Ordonnance so attachez les Procez verbaux de comparutions faites par deva Monsieur le Lieutenant General de Police, & l'Interrogatoi desdits Compagnons pretendus Maistres ; Ensemble le Proc verbal d'interrogatoire du nommé Boissiere l'vn d'iceux fait la Cour des Monnoyes, qui justifient que les Lapidaires rece depuis ledit Arrest du Conseil du Ianvier 1671. sont les me mes Compagnons Orfévres qui estoient en des Colleges & lie secrets, qui n'ont jamais fait aucun apprentissage de Lapidaire qui n'entendent aucune chose audit Art, & qui presentement travaillent en aucuns autres ouvrages que d'Orfévrerie.

7. *Octobre* 1671.

ARREST du Parlement contre les Religieux Bernardi & les Compagnons Orféures refugiez dans leur Cloistre, s l'assignation donnée à leur requeste aux Gardes de l'Orfévrer au grand Conseil en cassation de l'Ordonnance de Monsieur Lieutenant General de Police, & les deffenses qu'ils pretendoie avoir obtenuës de rien attenter jusques à ce que autrement p ledit Conseil en eust esté ordonné, Par lequel Arrest la Cour s les conclusions de Monsieur le Procureur General, auroit le les deffenses, déchargé les Gardes de l'Orféurerie de l'assignatic donnée au grand Conseil, & ordonné que les parties procede roient en la Cour.

Les Reglemens qui ont esté rendus contre les Compagno Orféures, & autres se mélans du maniment de l'Or & de l'Argen & de la vente des Pierreries & Perles ont esté en si grand nom bre, que si on avoit voulu faire vn inventaire entier, il en a roit fallu faire vn volume tout particulier, l'on s'est conten de faire remarque de ce qui est icy, & laisser le reste en liasse po s'en servir en temps & lieu.

Autres Arrests du Conseil d'Estat & Priué du du Roy, Cour du Parlement, & autres Iurisdictions, tant pour seruir de Reglemens entre les Marchands Orféures pour le fait des Elections des Maistres Gardes & Aydes des Gardes, qu'au sujet des differends suruenus en autres affaires contre diuers Particuliers.

19. Decembre 1581. Arrest contradictoire de la Cour des Monnoyes, par lequel le nommé Benoise esleu Garde fut contraint par emprisonnement qui fut fait de sa personne, en la Conciergerie du Palais, d'accepter ladite Charge de Garde.

Du 3. Decembre 1609.

ARREST du Conseil Privé du Roy, entre les Maistres Gardes de l'Orfévrerie lors en charge, les Anciens qui avoient passé par ladite charge de Gardes, & partie de la Communauté des Marchands Orfévres, Par lequel Arrest sa Majesté auroit ordonné que les Gardes de l'Orfévrerie seroient éleus par les six Gardes en charge, & les six Gardes derniers sortis, lesquels seroient presentés aux antiens Gardes & à la Communauté, pour advoüer ou desadvoüer leur nomination & élection.

9. Decembre 1615.

SENTENCE de Monsieur le Prevost de Paris, entre les Gardes de l'Orfévre, les Anciens Gardes, & vn particulier Maistre Orfévre, sur la desobeïssance ausdits Gardes exerçans leur charge, Par laquelle Sentence il a esté fait deffenses audit Particulier de plus vser de menaces contre lesdits Gardes, & à luy enjoint & à tous autres Maistres de leur porter honneur & respect, sous les peines portées par ladite Sentence.

7. Novembre 1620.

AVTRE Sentence de Monsieur le Prevost de Paris, entre

les Maistres & Gardes de l'Orphévrerie, & le nommé David Creux Maistre Orfévre, pour les contraventions par luy commises aux Ordonnances, & autres cas mentionnés par ladite Sentence.

9. *Avril* 1630.

ARREST de la Cour des Monnoyes, entre les Affineurs & le nommé d'Allemagne, & autres Orfévres, par lequel la saisie faite par lesdits Affineurs sur lesdits Particuliers Orfévres, notamment chez ledit d'Allemagne & Cognard Maistres Orfévres, a esté declarée déraisonnable, & ordonne que les choses saisies seroient renduës, permis aux Maistres Orfévres, & Autres, de faire ou faire faire leurs laveures par leurs Compagnons ou autres personnes qu'ils desireroient.

15. *Mars* 1632.

ARREST du Conseil Privé du Roy, entre les Gardes de l'Orfévrerie, partie de la Communauté des Orfévres, & les Officiers de la Cour des Monnoyes, sur le changement de la forme de l'Election des Gardes, par lequel sa Majesté auroit ordonné que l'Arrest du Conseil du Decembre 1609. seroit executé, & deffenses à la Cour des Monnoyes de prendre connoissance de la nomination & élection des Gardes de l'Orfévrerie, ny D'autre chose, que de ce qui estoit porté par les Reglemens.

12. May 1633.

ARREST du Conseil d'Estat du Roy, par lequel sa Majesté auroit revoqué l'imposition des vingt sols pour Marcq d'Argent, moyennant la somme de trente deux mil livres payez en ses Coffres, sans vingt-quatre mil livres par les Maistres & Gardes de l'Orfévrerie, & huit mil livres par les Tireurs & Batteurs d'Or, auquel est attaché vn autre Arrest sur le fait de ladite revocation.

Du 17. Ianuier 1657.

ARREST du Conseil Privé du Roy, sur les tres-humbles Remontrances des Marchands Orfévres, au sujet de l'Ordonnance de sa Majesté du vingt Decembre mil six cens cinquante-six, par lequel Arrest sa Majesté, avant faire droit, a renvoyé la Requeste des Gardes de l'Orféverie en sa Cour des Monnoyes ; & cependant a Ordonné qu'il seroit surcis à l'execution de ladite Ordonnance pour l'Achapt & Vente des Marchandises d'Orféverie, & de tenir Registre des Ventes & Achapts d'icelles.

19. Ianuier 1641.

ARREST du Conseil Privé du Roy, Par lequel sa Majesté a diffinitivement déchargé les Marchands Orfévres de tenir Registres des Achapts & Ventes des Marchandises, avec Deffenses au Prevost des Monnoyes de faire aucunes visittes chez les Orféures, à peine de tous dépens, dommages & interest ; & sur la demande de quelques Particuliers sur le fait de l'élection des Gardes, a Ordonné que ladite élection seroit faite en la maniere accoustumée.

Du 1642.

ARREST du Parlement au profit des Maistres & Gardes de l'Orfévrerie, & aucuns des Anciens qui avoient passé par lesdites Charges de Gardes, Contre autres Particuliers aussi Anciens Maistres & Gardes, & quelques Particuliers de la Communauté, sur le sujet de la Nomination d'vn ou de deux Clers ; Par lequel Arrest il a esté Ordonné qu'il ne seroit fait élection que d'vn seul Clerc, & que celuy qui avoit esté éleu par les Gardes en charge fairoit le Serment en la maniere accoutumée.

11. Decembre 1642.

ARREST du Conseil d'Estat du Roy, pour la levée du Droit de Seigneurage sur chacun Marcq d'Argent, lequel Arrest a depuis esté Revoqué.

29. *Decembre* 1645.

ARREST du Conseil Privé du Roy, Entre les Maistres & Gardes de l'Orfévrerie, les Anciens qui avoient passé par la charge de Garde, & les Aydes des Gardes, sur la Requeste des nommez Langlois, & autres, pour lors Aydes desdits Gardes, à ce que toute la Communauté des Orfévres fut appellée à la Nomination des Gardes & Aydes Gardes; Par lequel Arrest sa Majesté a Ordonné que ledit Langlois, & Consors Aydes des Gardes, seroient assignez au Conseil aux fins de la susdite Requeste; & cependant que les Gardes éleus exerceroient la charge de Garde.

23. *Aoust* 1646.

ARREST du Parlement, Entre les Gardes de l'Orféverie & aucuns des Maistres de la Communauté, les Anciens qui avoient passé par la Charge de Garde, partie intervenantes sur le sujet du changement d'Election des Aydes Gardes; Par lequel la Cour, s'ans avoir égard à la Requeste de la Communauté des Orfévres sur le changement de ladite Election, auroit Ordonné que les Aydes des Gardes nommez par les Gardes en charge presteroient le serment, conformément aux Ordonnances & à l'Arrest de la Cour du 7. Septembre 1630. Auquel Arrest est attaché vn autre Arrest du trois Aoust 1647. qui Ordonne que pour l'élection desdits Aydes des Gardes seroient seulement appellez les Anciens, qui auroient passe par la Charge de Gardes, pour en faire la nomination conjointement avec les Gardes.

25. *Ianuier* 1648.

ARREST du Parlement, Entre les Gardes de l'Orfévrerie & partie de la Communauté, sur les Conclusions de Monsieur le Procureur General, & en consequence de l'Advis de Monsieur le Lieutenant Civil & de Monsieur le Procureur du Roy du 16. Novembre 1646. & de l'Arrest du Conseil Privé du Roy qui auroit renvoyé les parties au Parlement pour leur estre fait droit, Par lequel Arrest ladite Cour a Ordonné que l'Election des

Gardes seroit faite par les Gardes en charge, & par les six Gardes derniers sortis de charge, puis presentez aux Anciens qui auroient passé par ladite Charge, qui seroient appellez pour cet effet avec trente Maistres de la Communauté qui n'auroient encor esté Gardes : Sçavoir, dix Anciens, dix Modernes, & dix Ieunes ; Auquel Arrest est attaché l'advis de Monsieur le Lieutenant Civil, & ledit Arrest du Conseil Privé du Roy.

18. *Iuillet* 1657.

ARREST de la Cour des Aydes, entre le nommé Iean Blette Marchand Banquier appellant des Sentences renduës par les Iuges des Traites Foraines à Peronne, & leur Receveur, Les Gardes de l'Orfévrerie parties intervenantes, à cause des saisies faites d'vn Diamant sur ledit Blette, Par lequel la Cour auroit fait main levée du Diamant en question, ordonné que conformément aux Ordonnances les Pierreries seroient exemptes de tous Droits d'Entrée dans le Royaume.

27. *Iuillet* 1658.

ARREST de la Cour des Monnoyes, entre les Gardes de l'Orfévrerie, & Iean le Noble & François Leguin Maistres Orfévres, sur la saisie faite sur ledit Noble de plusieurs Ouvrages d'Argent envoyez en la Maison Commune de l'Orfévrerie, pour estre contremarquez ; Par lequel Arrest auroit esté ordonné que les Ouvrages trouvez de differends alliages seroient rompus & fondus, & ledit le Noble condamné en cinquante livres d'amende, avec Injonction à tous Orfévres qui envoyeroient leurs Ouvrages à la Marque de declarer les differentes fontes qui y seroient pour en estre fait differens Essays, à peine de Confiscation des Ouvrages, & d'amende.

4. *Decembre* 1658.

ARREST de la Cour des Monnoyes, sur le fait des Contremarques, Par lequel il a esté ordonné que les Orfévres marqueroient leurs Ouvrages de leurs Poinçons en tous les lieux qui pourroient porter Marque, avec Deffenses de tenir aucuns Ouvrages en leurs Boutiques qui ne soient de la qualité requise par ledit Arrest.

19. *Novembre* 1659.

ARREST du Conseil Privé du Roy, aux fins du changement d'Election de Gardes de l'Orfévrerie, Par lequel auroit esté ordonné que des six Gardes en charge, il y en auroit trois qui exerceroient deux ans; vn qui auroit passé par la chargo de Garde; & deux qui n'auroient encor esté Gardes: à cet effet qu'a l'avenir il ne seroit fait Election que de trois Gardes; Lequel susdit Arrest n'auroit eu son execution que jusques en l'année mil six cens soixante & trois.

20. *Septembre* 1661.

ARREST du Conseil d'Estat du Roy entre les Gardes de l'Orfévrerie & les Officiers de la Cour des Monnoyes, au sujet des saisies desdits Officiers sur plusieurs Marchands Orfévres; Par lequel Arrest sa Majesté auroit fait main levée des choses saisies sur lesdits Orfévres, avec Deffenses aux susdits Officiers de ladite Cour des Monnoyes de faire aucunes visites chez les Orfévres.

16. *Ianuier* 1662.

ARREST du Conseil Privé du Roy, Entre les Gardes de l'Orfévrerie & lesdits Sieurs Officiers de la Cour des Monnoyes, au sujet de pareilles saisies; Par lequel Arrest sa Majesté, avant faire droit, auroit ordonné que la Requeste des Gardes de l'Orféverie seroit jointe à l'instance d'entre les parties; & ce pendant que Deffenses seroient faites ausdits Officiers de la Cour des Monnoyes de rien attenter au préjudice d'icelles, jusques à ce qu'autrement en eust esté ordonné.

5. *Iuin* 1663.

ARREST du Conseil Privé du Roy, servant de Reglement pour

Election de Gardes, par lequel Arrest eu égard à l'Advis de Mr le Prevost de Paris, il a esté Ordonné qu'à l'avenir il seroit procedé à l'Election de cinq Gardes de l'Orfévrerie, & que le plus Ancien de ceux qui auroient fait la fonction de Maistre & Garde l'année precedente seroit continué pour vne année seulement, pour exercer avec les autres nouveaux éleus ladite Charge; Auquel Arrest est attaché l'Advis de Monsieur le Prevost de Paris sur cette forme d'Election.

8. *Novembre* 1663

ARREST du Conseil d'Estat du Roy, Par lequel sa Majesté en consideration des Privileges accordez aux Marchands Orfèvres, leur a permis de faire venir des Barres & Lingots d'Argent en France, nonobstant l'Arrest de la Cour des Monnoyes du 15. Septembre 1663. qui les en empeschoit.

27. *Septembre* 1668.

ARREST en la Cour des Monnoyes contre Iean Sergent Maistre Orfevre, au sujet des differentes Fontes d'Argent mises en vn mesme sacq porté à la Marque: Par lequel Arrest auroit esté ordonné que l'Arrest de ladite Cour du 27. Iuillet 1658. seroit executé selon sa forme & teneur, & lesdits Ouvrages portez en la Monnoye pour estre fondus, la valeur d'iceux rendus audit Sergent, avec Deffenses de plus envoyer plusieurs sortes d'Ouvrages de differens Alloys, sous peine de confiscation & d'amende.

4. *Iuillet* 1665.

ARREST du Parlement, Par lequel il est fait deffenses aux Officiers de la Cour des Monnoyes de faire aucunes visites chez les Marchands Orfèvres, & Ordonné qu'il sera procedé audit Parlement sur le fait des saisies par eux faites de plusieurs ouvrages d'Orfévreri és Maisons de plusieurs Particuliers.

31. *Ianuier* 1669.

ARREST du Conseil d'estat du Roy, Par lequel sa Ma jesté auroit permis aux Marchands Orfévres de prendre de Apprentifs, comme auparavant la Sentence de Monsieur l Prevost de Paris du trente Iuin 1632.

20. *Mars* 1671.

SENTENCE de Monsieur le Lieutenant General d Police, contre Pierre Scheut Maistre Horlogeur & Tertulier Scheut son fils, demandeur afin d'enregistrement du Breve d'Apprentissage de sondit fils, (quoy qu'il fust hors de l'âge porté par l'Ordonnance) : Par laquelle Sentence eu égard aux Conclusions de Monsieur l'Advocat du Roy au Chastelet, & en consequence des Ordonnances intervenuës sur le fait de l'Orfévrerie, les Maistres & Gardes desdits Marchands Orfévres auroient esté déchargez dudit Enregistrement, & auroit esté Ordonné qu'à l'avenir il ne seroit receu aucun Apprentif Orfévre au dessous de l'âge de dix ans, & au dessus de l'âge de seize ans A laquelle Sentence est attaché l'Arrest du Parlement rendu su les Conclusions de Monsieur l'Advocat General Talon, qui deboutte ledit Schent de l'Appel par luy interjetté de ladite Sentence, & Ordonne que les Statuts & Ordonnances sur le fait de l'Orfévrerie seront executez.

22. *Aoust* 1671.

ARREST de la Cour des Monnoyes, entre les Gardes de l'Orfévrerie, & Monsieur le Procureur General de ladite Cour des Monnoyes, au sujet des faits & termes injurieux inserez en vne Requeste presentée sous son nom au Conseil Privé du Roy, contre l'honneur & contre la Conduitte des Gardes, en l'instance pendante au Conseil entre lesdits Gardes de l'Orfevrerie & les pretendus Iurez Lapidaires, Par lequel susdit Arrest la Cour les Semestres assemblez Auroit declaré Qu'elle ne prenoit aucune part en ladite Requeste, Qu'elle n'avoit point

·gé Mondit sieur le Procureur General de la presenter au
nseil ; & en consequence auroit ordonné que Mondit sieur
Procureur General ne fourniroit plus à l'avenir aucunes
tures sans en communiquer à la Cour. Auquel Arrest est
ché Copie de ladite Requeste, donnée sous le nom de
ndit sieur le Procureur General,

RREST du Parlement sur les Conclusions de Monsieur
rocureur General, au sujet de l'Ordonnance de Monsieur
ieutenant Criminel, & de la Sentence de Mondit sieur le
utenant Criminel, portant Deffenses aux Orfévres d'ache-
aucune Vaisselle d'Argent Armoriez ou sans Armes, sans
ceux qui les exposeroient donnassent des cautions pour
tifier comme les Marchandises leur appartenoient, sur peine
tre procedé contr'eux comme complices de recelez, & de
s cens livres d'amende : Par lequel Arrest la Cour auroit fais
fenses de mettre ladite Ordonnance & Sentence à execution.

OVTRE tous les Titres, Ordonnances, Reglemens, Arrests, Iugemens & Sentences icy remarquez, il s'en trouve encor, comme il a esté dit, vn bon nombre d'autres dans le Thresor des Chartres du Bureau desdits Marchands Orféures : Mais comme en ce Recueil on n'a eu dessein de mettre en lumiere que les plus considerables, & Ceux dont le plus ordinairement on peut auoir besoin : Pour faire voir la necessité qu'il y a que l'Or & l'Argent, & particulierement les Pierreries, ne passent point en tant de mains, On a crû qu'il n'estoit pas necessaire de faire vn plus ample Recueil, Celuy-cy estant suffisant, tant pour l'instruction de ceux qui seroient en peine de recouvrer les Pieces & Enseignemens y mentionnez, que pour les soulager dans la recherche, par l'ordre facile & commode, dans lequel le tout est icy reduit & digeré.